珞 珈 风 雅

策划　胡勇华
主编　杨欣欣　肖珊
参编　付晓歌　冯　林　严　航　田业胜

武汉大学出版社

图书在版编目(CIP)数据

珞珈风雅/杨欣欣,肖珊主编.—武汉:武汉大学出版社,2013.11
ISBN 978-7-307-12134-8

Ⅰ.珞… Ⅱ.①杨… ②肖… Ⅲ.武汉大学—纪念文集
Ⅳ.G649.286.31-53

中国版本图书馆 CIP 数据核字(2013)第 263652 号

责任编辑:黄汉平　　责任校对:鄢春梅　　版式设计:马　佳

出版发行:**武汉大学出版社**　(430072　武昌　珞珈山)
　　　　　(电子邮件:cbs22@ whu.edu.cn 网址:www.wdp.com.cn)
印刷:武汉理工大印刷厂
开本:850×1168　1/32　印张:10.375　字数:239 千字　插页:1
版次:2013 年 11 月第 1 版　　2013 年 11 月第 1 次印刷
ISBN 978-7-307-12134-8　　定价:25.00 元

目　　录

上篇　流风

风云际会

飞鸿印雪

下篇　雅韵

相约青春

珞珈子弟尽雄才（代序）

　　"精神"一词，哲理深邃，唯心推崇；另有精力旺盛，锲而不舍之意。"武大精神"，乃追求真理，崇尚学术，彰显高雅，敢于担当，实属学府之魂、镇山之宝。

　　武大精神，贵在高雅。大师云集，立德立人，悠悠百年，代代雄才。武大先驱张之洞，建"汉冶萍"之伟业，立《劝学篇》之宏论，有"自强学堂"之创举。武大元勋王世杰，学贯中西，传承学脉，树"国立武大"的宏愿，著《比较宪法》之杰作；生为武大昌盛而欣慰，死以"武大校长"为墓碑！情系珞珈，令人感叹！哲学家李达，追求真理，爱我中华，血染珞珈，浩气云天！

　　武大精神，重在自强。清心向善，嫉恶如仇。法学家梅汝璈，肩负民族重托，扬威东京审判；义正词严，怒指日寇，把战争罪犯推向绞刑架。大快人心，壮我中华！史学家唐长孺，精研南北朝，探秘莫高窟。为国学争光，显华夏探究之雄风！生物学家高尚荫，厚积薄发，终成正果。探鸭蛋之奥秘，创生物之奇迹。化学家邬保良，潜心探究，为我国原子能研究开路奠基，为武大新生鞠躬尽瘁。

　　武大精神，气贯长虹；无私奉献，誉满九州。韩德培、吴于崐、张培刚哈佛"三剑客",曾为武大赢得数十年美誉。文学家闻一多,改"罗家山"为"珞珈山",为武大成为最美校园奠下基础。俱往矣!百年老校,青春永在。测绘学家刘经南的"北斗情怀",成就了超越 GPS 的壮举,两院院士李德仁,创地理空间信息科学奇迹,独争该科"全球领袖奖"之殊荣!理工一年喜评五院士,文科两次名列全国获奖前茅……

　　武大精神一脉传,庆贺校庆谱新篇,珞珈子弟怀大志,筑梦圆梦尽雄才。

李龙

2013 年 10 月 29 日

上篇

流风

风云际会

指点江山，激扬文字，
一所大学，典藏着珍贵的历史画卷。

一所大学的红色印记

伍 轩 罗 盘 吴楚云

1921 年 7 月的一天，上海法租界博文女校的一间普通宿舍里，两位湖南籍年轻人终于谋面了。他们兴奋地谈论着马克思主义、即将诞生的中国共产党和中国的时局与未来。他们是毛泽东和李达。从那时起，两人开始了长达 40 多年的交往。

1936 年 8 月 14 日，毛泽东早年的好友、闻名一时的"文化书社"经理易礼容突然收到毛泽东的来信，信中写道："我读了李之译著，甚表同情，有便乞为致意。"信中的"李之译著"，就是李达、雷仲坚合译的《辩证法唯物论教程》。延安时期，毛泽东撰写了《实践论》和《矛盾论》，从理论上总结了中国革命的实践经验，丰富和发展了马克思主义的认识论和辩证法。李达的哲学著作为毛泽东的理论创造提供了丰富的思想资料，其中《辩证法唯物论教程》和《社会学大纲》影响最大。

《辩证法唯物论教程》是毛泽东批注文字最多的哲学著作。毛泽东在要求党的高级干部学习理论著作时，把"李译《辩证法唯物论教程》第六章'唯物辩证法与形式论理学'"指定为 6 种必读材料之一。《社会学大纲》毛泽东读了多遍，并作了很多批注，合计约 3500 字。毛泽东在给李达的信中称赞他是"真正的人"。1948年，毛泽东指示中原新华书店再版《社会学大纲》，作为全党干部的学习教材。

另一位为马克思主义中国化做出巨大贡献的武大人是李汉俊。

日本是马克思主义在中国早期传播的主渠道之一，李汉俊留学日本期间，结识了日本马克思主义经济学者河上肇，深受其影响。李汉俊勤奋学习马克思原著，并用其指导解决中国的实际问题，撰写了数十篇研究、宣传马克思主义的文章。共产国际驻华代表马林曾赞其为"最有理论修养的同志"。陈望道翻译《共产党宣言》后请他校对把关。五四运动前后，李汉俊致力于马克思主义的传播工作，成为我国马克思主义的启蒙者之一。董必武曾在回忆录中写道："李汉俊是我的马克思主义老师。"

董必武1927年4月27日在武昌高等师范学校附小小礼堂参加了党的第五次全国代表大会。1937年10月，董必武应武汉大学地下党的外围组织——抗日问题研究会的邀请，到武大学生大礼堂为全校师生作了《独立自主，发展游击战争》的讲演，在讲演中积极宣传中共关于独立自主地发展敌后游击战争的精神，鼓励师生走抗日救国的道路。

1964年11月3日，阿富汗国王穆罕默德·查希尔·沙阿偕王后一行到武汉访问，董必武副主席陪同到武汉。在汉期间，他陪同客人参观了武汉大学，重访了离别近30年的珞珈山。

陈潭秋是从武昌高等师范学校走出来的一位革命家。1914年，他考入武昌高等师范学校预科，1915年转入英语部，1919年以优异成绩毕业于武昌高等师范学校英语部。五四运动期间，他与恽代英、林育南等组织武汉大学联合会，声援北京爱国学生运动。1922年秋，陈潭秋到武昌高等师范学校附小兼课，利用讲台作掩护从事革命宣传，先后教授英文和历史。他教历史课时，反复教育学生，不要从朝代、帝王的更迭看历史，而要从社会的经济发展看历史的演变。他反复揭露当时社会所存在的各种不平等的现象，指出什么"教育救国"、"工业救国"都是没有希望的，只有改革社会制度，才是消除社会一切弊端的根本出路。他的思想像一团火照亮了进步师生的心。

陈潭秋还和董必武一道，组织了社会主义青年团，把武昌高等师范学校等校在五四运动中涌现出来的先进青年20多人吸收到团组织中来。

在陈潭秋的影响下，武昌高等师范学校及其附小有一批进步教员参加了中国共产党，成为武汉地区较早的一批共产党员。武昌高等师范学校附小一时成为革命力量的重要阵地，"有一个时期简直成了湖北革命运动的指挥机关"。

据美国学者约翰·伊斯雷尔和唐纳德·W.克莱因统计，1938年末，等待批准进入陕甘宁边区的青年学生有2万人。从1935年到1947年，在通往延安的公开或隐秘的大路小径上，怀揣革命理想的青年学生或扮成商贾、"银行小姐"，或以"延安参观团"的名义穿越关卡，投入革命圣地的怀抱。

22岁的李锐就是其中一员，早在他就读武汉大学机械系时，便是一个爱国的热血青年。1937年，他甫到即受重用，被留在相当于现在的"团中央"的中央青年工作委员会，任宣传科科长。一年多以后，李锐和中央青委的其他同志创办了轰动一时的墙报《轻骑队》，其犀利的文风被毛泽东誉为"生动活泼新鲜有力的马克思主义的文风"。1941年，李锐被调入《解放日报》社，开始了他的编辑记者生涯。1943年，面对抗日战争的形势需要，他在《解放日报》开创了军事评论，他论述山东战场形势的社论《山东的捷报》，毛泽东作了批示："此文写得生动又有内容。"

1944年4月，武大校友陈家康奉调又一次回延安。1937年5月，他曾作为上海党组织代表，参加了在延安召开的中国共产党全国代表会议和中共中央白区代表会议。这一次，他回延安是参加接待中外记者参观团的工作。同年7月，美国官方代表包瑞德上校率美军观察组到延安考察，这是中国共产党与美国建立官方关系的开始，也是首次与西方国家的官方往来。为此，中共中央专门设立了军委外事组，陈家康为其成员之一。在陈家康等人的努力下，这两次参观考察打破国民党的严密封锁，取得国际上的了解和支持。

校友朱九思于1937年底赴延安，先入抗日军政大学第三期学习。翌年6月，他结束在抗大的学习，留校工作，任政治主任教员。随后，他作为抗大第二分校工作人员，到敌后晋察冀边区做军队政治工作和宣传工作。

"几回梦里回延安，双手搂定宝塔山。"60多年前，武大人千里奔赴延安。60多年后，我们在延安邂逅武大。

"十八栋"是珞珈山南面的一个老楼群，一区27号是一栋幽静清寂的英式二层小楼，74年前，在中华民族危亡之际，肩负发展抗日民族统一战线之重任的周恩来，正是在这里卓有成效地开展了一系列统战工作。

保卫大武汉时期，珞珈山上风云际会，国共两党要员和社会各界名流云集于此。在这栋小楼里，周恩来经常晤见各界爱国民主人士、武大进步教授和国民党抗日将领，与他们促膝谈心，宣传党的统一战线主张，商议抗日救国之策。著名的"三S"（斯诺、斯特朗、史沫特莱）等国际友人，也曾多次造访珞珈山，受到周恩来和夫人邓颖超的热情接待。这栋小楼有"国共合作抗日小客厅"之誉，1983 年被武汉市政府列为文物保护单位。

在珞珈山居住期间，周恩来先后三次给武汉大学学生作演讲，每次都座无虚席，大大激发了武大师生的爱国热情和抗战决心。1938 年初夏，周恩来连续两个晚上在大操场上作演讲，宣传毛主席的《抗日游击战争的战略问题》，号召知识分子行动起来，投身到全民抗战中去，把日本侵略者赶出中国。

在武汉大学期间，周恩来还同郭沫若一起组织并直接领导了"抗日活动宣传周"、"七七抗战一周年纪念"、"七七献金"等抗日宣传活动。

（原载《中国教育报》，2011 年 6 月 27 日）

四 世 情 缘

苗体君　窦春芳

　　中共"一大"代表李汉俊及家人，与武汉大学有着四世的情缘。

　　李汉俊 1890 年生于湖北潜江，1902 年赴日本留学，毕业于东京帝国大学，1918 年回国后，在上海从事写作、翻译工作，传播新文化及马克思主义，1920 年与陈独秀共同发起组织马克思主义研究会和上海共产主义小组，同时创办《劳动界》周刊，并赴武汉帮助筹建武汉共产主义小组。董必武曾经多次称李汉俊是他的"马克思主义老师"。

　　中共一大后，李汉俊因反对"组织主任"张国焘专权，1922 年他接受武昌高等师范学校（武汉大学的前身）代理校长张继煦的聘请，担任该校社会学教授，还担任该校历史社会学系主任。当时李汉俊在职业上有多种选择：一是留在北京政府的外交部里任职，月薪 120 元；二是在上海大学任社会系主任，月薪 150 元，每授课 12 小时再增加 50 元；而武昌高等师范学校的月薪不到 100 元，到后来月薪降到 48 元，但李汉俊却选择了收入最少的武昌高等师范学校，这不能不说他与武汉大学有着某种特殊的缘分。在武昌高等师范学校，李汉俊为学生讲授唯物史观、社会学史等科目，李汉俊也是我国高等院校第一位把唯物史观列为高校教学科目的教授，他的《唯物史观讲义初稿》（甲、乙）两册原本现保存在北京中国革命博物馆内。

李汉俊讲授的课程充满了新思想及新学说，吸引了一大批青年人，还有许多社会上的年轻人也来武昌高等师范学校旁听。1926 年 12 月 28 日，武昌中山大学（武汉大学的前身）组建，李汉俊、邓演达与董必武等 9 人为筹委会委员。

在武昌高等师范学校期间，因为种种原因，1924 年李汉俊被中国共产党开除，不久他便加入中国国民党，成为国民党"左派"的中坚力量。1927 年 7 月，武汉国民党中央实行"分共"，"清洗"捕杀共产党人和国民党左派，8 月 15 日，国民党中央执委临时会议决定通缉李汉俊，李汉俊被迫避匿在汉口日本租界内。12 月 16 日，新桂系军阀胡宗铎、陶钧派兵包围武昌中山大学，逮捕和杀戮了一大批进步师生。12 月 17 日，胡宗铎勾结日本驻汉领事，以"共产党首领"和"密谋暴动"等罪名将李汉俊逮捕。当晚 9 时，李汉俊被杀，年仅 37 岁，他是中共一大 13 名代表中第一个为革命献身的人，短暂的生命中有近 7 年的时间在武汉大学任教。

李汉俊的前妻于 1920 年去世，1923 年经人介绍李汉俊与陈静珠结婚，在李汉俊遇害 20 天后，陈静珠为李汉俊生下了一个女儿，原来取名叫李声铎，因为杀害李汉俊的新桂系军阀叫"胡宗铎"，"铎"字总是让人感到伤感，于是，就由李汉俊的哥哥李书城重新取名为"李声香奇"。

李声香奇 1947 年考进武汉大学，1951 年毕业于武汉大学理学院化学系，后留校任教，现在是武汉大学化学学院教授，已 78 岁了。她 1952 年 8 月与武汉大学物理系毕业并留校任教的黄锡文结婚，黄锡文现年 79 岁，是武汉大学电子信息学院的教授。他们的儿子黄健，也就是李汉俊的外孙，现在也是武汉大学的教授。而黄健的儿子黄成，也就是李汉俊的曾外孙，现在是武汉大学物理科学与技术学院物理基地班的在读本科生。从李汉俊开始到他的女儿、外孙、曾外孙，整整四代人与武汉大学结下了浓浓的情谊。

（原载《长江日报》，2006 年 2 月 27 日，原文题为《李汉俊一家与武汉大学》）

郭沫若故居

韩玉晔

在郭沫若停留武汉的所有居所中，他印象最深的，还属武汉大学。他对武汉大学寓所的评价，甚至超出他后来在北京居住多年的原恭王府，以及他在四川乐山出生成长的沙湾老屋。

《洪波曲》为我们详细再现了当时郭沫若居住时的场景：1938年，武汉成为全国抗战中心，武汉大学于该年4月西迁，国民政府军委军官训练团的团部设于此地。现在这片山上的老别墅，即当年的"十八栋"，成为训练团的官邸。因为政治部第七处处长范寿康原是武汉大学的教授，得益于他的斡旋，使负责抗战宣传工作的第三厅厅长郭沫若得以把张有桐教授的住房顶下来居住了。这住房背山面湖，一共三层，下层有佣人室和厨房，上两层都有客厅、书房、卧室、浴室，还有可以眺望湖光山色的阳台。下山可到东湖游泳，上山就是珞珈山的山顶。

郭沫若故居旁边有一条石阶小路，至今完整保存，武大把它叫做周恩来小路。这条路在郭沫若的回忆中也有记述："周公和邓大姐也住到靠近山顶的一栋，在我们的直上一层，上去的路正打从我们的书房窗下经过。"

另一位邻居是黄琪翔。郭沫若这样记述两家的位置："不久黄琪翔搬来了，做了我们的邻居。那是一栋比翼建筑，站在月台上两家便可以打话。"

　　从1938年4月至8月，尽管郭沫若在武汉大学仅仅住了4个月，而且是在烽火连天的战争环境，但武大的优美景色、他在这一时期的工作状态，以及他与夫人于立群的甜蜜生活，还有周围的邻居，给郭沫若留下了一生中居所最为满意的回忆："有这样的湖景，有这样的好邻居，我生平寄迹过的地方不少，总要以这儿为最接近理想了。"因此，他也把武汉大学称赞为武汉三镇的"世外桃源"。

　　（原载《长江日报》，2006年4月10日，本书有删改）

1938：一区 27 号

肖　波

珞珈山南坡别墅群，一区 27 号并不特别显眼，靠近山顶位置，是一栋四层英式双拼别墅：一楼为厨房、餐厅，二楼是客厅、卧室和宽阔的阳台，三楼有两间卧室和敞亮的露台，四楼是阁楼和书房。楼内设旋转楼梯，房间设计考究，采光、通风均佳。小楼视野开阔，举目可见东湖，环境清雅，耳畔鸟鸣。此楼于 1930 年 11 月动工，次年 9 月竣工，建筑面积 196 平方米。

1938 年初，日军逼近武汉，武大师生西迁四川乐山，从南京撤退至此的国民政府军政要员纷纷进驻珞珈山。住一区 27 号的教员胡朝冕先生，等待消息准备起程，其兄胡稼胎先生在文学院任教，已先行入川。一天上午，政府工作人员两次上门，限令胡一家立即搬离，因一位部长要来居住。当天下午，部长来访，平易近人，细聊家常，得知详情，当即批评了强令搬家的工作人员，决定自己先住一段时间旅馆。这位部长便是周恩来，中共中央军委副主席、长江局副书记，时任国民政府军事委员会政治部副部长，授中将军衔。

周恩来对珞珈山并不陌生。半年前，南京沦陷第五天，周恩来率中共中央代表团到武汉，为抗日救亡四处奔走，其间多次来到珞珈山。1937 年 12 月 31 日上午，周恩来在武大学生俱乐部发表了题为《现阶段青年运动的性质和任务》的演讲，号召青年到军队里去，到战地服务中去，到乡村去，到被敌人占领的地方去。演讲深深感染了现场的听众。清华大学学生、湖南青年战地服务团团员熊向晖非常激动地聆听了这场演讲，他已秘密加入中国共产党，后成为胡宗南机要秘书，毛泽东称赞他：一个人可以顶几个师。

1938 年 5 月，周恩来和邓颖超正式入住珞珈山一区 27 号。珞珈山戒备森严，名流云集。政治部第三厅厅长郭沫若住一区 20 号，两家人几乎天天见面。蒋介石住半山庐，周恩来和他常在散步时相遇。这一年国共再度合作，开办珞珈山军官训练团，蒋介石任团长，周恩来亲自讲课，传授游击战法，宣传持久战战略方针和人民战争战略思想。珞珈山军官训练团共开办两期，时年 35 岁的徐复观在此受训（徐先生后荣升少将，然而弃武从文，写出《两汉思想史》、《中国艺术精神》、《中国人性论史》等名作）。周恩来与蒋介石 14 年前共事于广州黄埔军校，蒋任校长，周任政治部主任。国共合作，教育培训是重要内容，在珞珈山办军官训练团，既发挥了大学这一场所的教育功能，又延续了黄埔合作、克难救国精神。武汉撤退前两党协商确定，在南岳衡山合作开办游击干部训练班。

6 月，周恩来在珞珈山寓所接待美国记者埃德加·斯诺。这是他们第二次会面。1936 年 7 月，斯诺以上海《密勒氏评论报》、纽约《太阳报》、伦敦《每日先驱报》特约通讯员身份，和医学博士乔治·海德姆一同到达陕西安塞，被红军儿童团"俘获"。周恩来在第一时间出现，用流利的英语与之对话，解开了一场误会，随后为斯诺安排了为期 92 天的访问计划。斯诺实际在陕北考察整整四个月，回北平后写出《红星照耀中国》（又名《西行漫记》）轰动世界。两年后的珞珈山之晤，斯诺热心筹划中国工业合作协会，旨在通过"工合"宣传中国抗战的伟大意义，在海外华侨和同情中国的国际友人中开展募捐，斯诺还计划再赴延安。周恩来大力支持斯诺，并赠送了一本刚刚出版的毛泽东《论持久战》。随后斯诺再次访问延安，8月，"工合"在汉正式启动运行。周恩来还在珞珈山接待了安娜·路易斯·斯特朗、艾格妮丝·史沫特莱等国际友人。

　　7月，台儿庄大捷主将、第五战区司令长官李宗仁从前线到武汉，周恩来在珞珈山寓所设便宴招待他，共叙团结抗战之事。4个月前，白崇禧奉命赴徐州协助李宗仁指挥作战，行前向周恩来请教对敌作战方针，周恩来建议在津浦铁路南段，采取以运动战为主、游击战为辅的联合行动，使津浦铁路南段日军时时受到威胁，不敢贸然北上支援南下日军；而在徐州以北以主力采取阵地战与运动战相结合方式，守点打援，以达各个击破之目的。白崇禧对此深为赞赏，并基本采纳。不久，周恩来派张爱萍以八路军代表名义去见李宗仁，劝他在济南以南、徐州以北抵抗日军，同日军打一仗。这些建议促成了台儿庄大捷。周恩来与李宗仁坦诚交往，整整27年后的1965年7月，74岁的李宗仁冲破重重险阻，偕妻从美国回到祖国大陆，对台海局势产生重要影响。在珞珈山，周恩来还与冯玉祥、张治中等将领结下了深厚友谊。

　　10月下旬，武汉沦陷前夜，周恩来在新华日报馆口授社论《告别武汉》，郑重宣告：我们只是暂时离开武汉，我们一定要回来的！报纸开印后，他和随行人员一道，在淅沥秋雨和隆隆的炮声中离开了武汉。

　　烽火连天的1938年，因为周恩来夫妇的入住，珞珈山一区 27 号显得非同寻常，诸多传奇故事在此上演，耐人寻味。这一年周恩来 40 岁。那时，珞珈山上还没有樱花树，校园里回荡着嘹亮的军号声，抗战的诸多决策在这里形成，许多将军从这里奉命出发，奔赴抗日前线。

34 年后中日邦交正常化，日本首相田中角荣访华，向周恩来总理赠送 1000 株大山樱，其中 800 多株留在了北京。由于周恩来曾在珞珈山居住过，中央有关部门将其中 50 株转赠武汉大学。后来有人向邓颖超建议，将一区 27 号建成一个纪念馆，被她否定了。自抗战胜利后，这栋小楼一直由武大教师居住。如今，一区 27 号依然坚固结实，静静地掩映在绿荫丛中，外观虽有些破旧，楼旁的樟树却高大青翠，亭亭如盖。

（原载《武汉大学报》，2010 年 4 月 2 日）

半山庐的叹息

苗连贵

半山庐，一幢青灰色的二层小楼，20世纪二三十年代中西合璧式建筑，掩映在武汉大学珞珈山西北麓的浓荫里。半山庐本是一幢普通的教工宿舍，却因居住过曾驾驭近代中国政坛风云二十多年的"领袖"人物蒋介石，而不同凡响。

武大建校之初，曾得力于蒋介石。当时学校申请新校舍资金，蒋慨然拨款。新校舍落成后，蒋介石满怀兴致，偕宋美龄，轻车简从，赴武大参观。那时已是深秋，珞珈山依然满目苍翠，蒋对武大清幽的环境赞不绝口，对青砖黛瓦、朴实无华的半山庐也很欣赏。他勉励学子"学以报国"，并表示会进一步给武大以支持。

大约正因为蒋介石的"恩顾"，武大师生对他满怀敬意和感激。1936年西安事变发生，武大师生聚会，不少人失声痛哭，深恐蒋遭不测。蒋闻讯亦感动，返南京后，特发电报："鉴陕变发生后，贵校师生备极关念，甚为欣慰，特谢。"

抗战爆发后，国民党军节节败退，武汉大学西迁。南京失陷后，军队退守武汉，武大校舍充作军用，蒋介石偕夫人再次来到珞珈山，并住进了半山庐，开始了以半山庐为"行辕"的抗战生活。1938年的武汉是全国抗战的中心，蒋介石在半山庐"日理万机"：调度指挥全国战场，操控内迁，规划后方大西南的交通建设，开办珞珈山军官训练团，召陈布雷商讨起草各类文书文告等等。幽静的半山庐人来车往，岗哨林立，灯火通宵达旦。

在统领和指挥"武汉会战"期间，蒋介石也曾面临生命危险，7月23日，当蒋与宋美龄现身武昌国民政府军事委员会办公大楼时，日军得到密报，派飞机轰炸，蒋等躲进楼下的防空壕，日机对准这个地方狂轰滥炸，一枚重磅炸弹落下，震天巨响，蒋夫妇和侍从应声倒地，3名侍从毙命，宋美龄昏过去好一会才醒过来，蒋介石则尘灰满面地从侍从身下爬起来。国难当头，"领袖"同样也在受难哩！所幸半山庐还是安全的，它镶嵌在绿色的屏障里，楼前拱卫着数株挺拔的香樟、水杉、三角枫。

面对侵略者咄咄逼人的军事态势和阴毒的诱降政策，蒋介石在全国高涨的抗战情势的推动下，对全国军民掷地有声地说："与其屈服而亡，不如战败而亡！"蒋由此声望大增，受到全国民众真诚的拥戴。蒋介石居半山庐期间，是其人生道路上的亮点。其时，周恩来也在珞珈山，住南麓"十八栋"，隔着一道山坡与蒋比邻，两人常在散步时相遇、交谈。1938年也是国共第二次合作最密切的时期。然而可惜，蒋介石未能以此为契机，从此捐弃前嫌，团结各党派，消灭法西斯，共建新中国（这是后话）。

10月，日军逼近市区，身为武汉保卫战统帅的蒋介石，坐镇武汉10个月，动员军队一百万，却未能保住武汉。如果说南京的陷落使蒋介石痛心疾首，武汉的失守，则使他有些心灰意冷了。离开武汉时，他神色黯然，飞机起飞后在城市上空盘旋一周，蒋通过舷窗，最后看了一眼珞珈山，不知那幢曾与他朝夕相处的小楼他找到没有？飞机掉头西向，他心情沉重地闭上眼，从此再没有登临珞珈山……

　　那天我去寻访半山庐，它建在绿色葱茏的半山腰上，是座沉寂的小楼——沉寂到少有人知。这座经历了八十载风雨的小楼，见证过一段不寻常的往事，有过短暂的辉煌，但它终未能创造改写历史的奇迹，没有给后世留下更多精彩。历史行进到这里，唯有一声叹息！

　　　　　　　　　　　（原载《汕头日报》，2010年9月2日）

坐而学　起而行

张宝锵

　　1938 年初武汉抗战形势恶化，武大决定内迁四川乐山。3 月师生员工陆续入川，4 月 29 日正式上课，开始了乐山时期的艰苦生活。

　　学校总部设在文庙，校舍分散在龙神祠、三清宫、李公祠、火神庙、三育中学、进德女校部分房舍及观斗山、露济寺等处，因陋就简，勉强安顿。财政经费奇缺，往往入不敷出。师生生活艰苦，学生宿舍挤在上下铺，像轮船上的低等统舱。伙食仅堪饱腹，每月或半月"打牙祭"，才尝尝肉味。沦陷区来的流亡学生只靠贷金难以生活，往往要兼职当家庭教师或中小学教员，以资弥补。教授同样陷入困境，物价飞涨，薪金微薄，还要自租房屋。家庭人口多的，摆卖衣物伙食搞些兼职，借以维生。艰苦的环境中，教师却能淡然处之，恪守职责，认真教学。学校仍然拥有一批名教授，如赵师梅、朱光潜、周鲠生、刘永济、吴其昌、何定杰、杨东莼、杨仁梗、俞忽、邬保良、方重、吴廷璆、彭迪先、缪朗山、李国平、陈家芷等。图书仪器设备虽遭日机轰炸损失严重，但仍有 10 万余册。外文图书万人丛书仍很完备，世界名著大多有英译本甚至日、德等国文本。我在校时所译德语诗人作品原文，大多是从图书馆借

来的,《海涅全集》就有德文本。我作毕业论文,就在恩师吴
廷璆指导下,参阅了一些日本历史学家的日文著作。

尤其可贵的是,校长王星拱、教务长朱光潜、训导长赵师
梅仍秉持民族大义,不畏权势,不受干扰,坚持自主办学,力
保师生安全;对学生的爱国民主运动,积极关注,尽力掩护,
因此学校得以保持自由讲学、自由学习的良好环境,社团活
跃,壁报林立。这确是历史的公正评述。

我所向往的龙神祠宿舍,一层位于二楼面向岷江可望大佛
的自修室,几十位同学阅读、写作竟然鸦雀无声,走路稍重
些,常招来异样的眼光,轻声细语亦嘘声四起,寒暑假仍常人
满;赤日炎炎,虽汗流浃背,岿然不动,一坐就是两三小时。

给我印象最深的是蓬勃发展的社团活动。1942 年夏,我
因追求自由的学习环境,放弃同济大学工学院机械系的两年学
业,转学武汉大学文学院史学系。入校不久,即参与地下的
"岷江读书社"的开创,担任学习干事,负责保管一大箱进步
书籍。这个放在我床下的箱子,既有马恩列斯的著作,也有毛
泽东、刘少奇等的著作,当时流行的政治、经济、哲学、历
史、文艺等进步书籍,有的同一本书还有多册,利于分组阅读
讨论,这都成为我们丰富的精神食粮。

抗战进入艰苦的相持阶段,几乎每日每时每刻都有前线将
士英勇献出生命。在这样的大环境下,同学们大多精神振奋,
关心国家民族的命运。早在 1937 年 9 月 21 日,还在珞珈山
时,王星拱校长就以《抗战时期应采取的态度和趋赴的方向》
为题,在开学典礼上说:"在过去的五年中,我们把眼泪咽下
去,往肚皮里流;今年我们的眼泪,是往外流了! 不但流泪,
而且流血! 敌人的压迫,我们是不能再忍受下去了! 我们要出
气!""我们大学学生,应当做国民的表率。我们应当咬定牙

关，撑起脊梁，抱必死之决心，争取最后的胜利。"那时许多进步同学就是遵循王校长的教导，"抱必死之决心"，不避艰险，进行韧性的战斗。

进步社团陆续建立，继政谈社、文谈社之后，有风雨谈社、海燕社、地平线社、课余谈社、马克思主义小组等社团，都十分重视革命理论的学习。文谈社学习制度健全，我们分组学习社会发展史、政治经济学、哲学、中国革命史、文艺理论等基础理论；也有专著学习，如《帝国主义论》、《国家与革命》、《新民主主义论》、《论联合政府》等；也有专论如托尔斯泰研究、鲁迅杂文研究、民族形式研究等；也有工作方针、方法研究，如《整风文献》、《思想方法论》等。当年我们坚持将《联共（布）党史简明教程》每周学习一章，坚持了几个月，从第一页起读到《结束语》。我对《结束语》里提及的那个大力士赫拉克勒斯离开地面便失掉力量的生动比喻，至今记忆犹新。当时实际斗争频繁、复杂，学校功课也有压力，能够长期坚持革命理论学习，是十分可贵的，这正反映进步青年学习革命理论如饥似渴的劲头。社友陈凤箫回忆说："1942年我考入武汉大学，开始新鲜丰富的学习生活，吸收的岂止是知识，竟决定了对人生道路的选择，确定了信念，找到了理想。直到现在我们仍认为理想是美好的，虽然道路会是崎岖的，而起决定作用的是文谈社。"难怪许多社友都认为，当时实际存在两座武汉大学，一座是课室内的武大，另一座是课室外的武大，两座武大都给我们良好的教育。社友钱忠槐甚至说："大学那几年，文谈社组织的学习活动、创作活动和社会活动，给我的教育和锻炼，大大超过正规的课堂教学。"

我们不但坐而学，更起而行，和其他进步社团一起积极推动民主斗争，举办争取言论出版自由座谈会、纪念鲁迅逝世八

周年晚会、援助贫病作家座谈会、时事座谈会等，社友在实际
斗争中获得很好的锻炼。为培养社友办事能力，社内干事亦经
常改选，我也曾担任过学习和总务职务。

　　在"马克思主义小组"的学习和锻炼更提高了我的全局
观点和务实作风。我曾有不切实际的空想，认为当前主要是理
论学习，马健武对此不以为然，他说，你当前、身边就有许多
现实的斗争，应该积极参与，边学习边斗争，相辅相成，不必
枉费时间等待。这使我开了窍。我写过《八行》、《期待》两
诗，说明了我的思想转变。马克思主义小组既加了政治理论学
习，也着重革命实践经验的学习。我们认真地学习《整风文
献》，对照我们的思想和工作实际进行检查。我们也认真学习
刘少奇总结白区工作经验的文章，使我们对两者的辩证关系有
进一步的了解，并与地下工作经验丰富的杨东莼老师平日的教
导结合起来，从而改正我们的缺点和错误。

　　文谈社的壁报《今天与明天》内涵偏重文艺。我在武大
发表的第一首诗《死神》，就是在《今天与明天》发表的。由
于有了文艺阵地的诱惑，使我陆续写了不少诗、散文和杂文。
在武大四年间，我在《今天与明天》发表的诗与译诗 40 余
篇，其中部分还同时发表在《大公报》文艺副刊等报刊，后
来汇编为《朝华集》出版，这使我获得很好的写作上的锻炼。
当时文谈社擅长写诗的人不少，我们相互琢磨，获益匪浅。著
名诗人邹绛（德鸿）就是在这样的气氛下培育的。社友万宝
仁当时手抄了社友的一些诗作，共四辑二十四首，一直保存到
新中国成立后。20 世纪 90 年代把它影印出版，这确是当年校
园文化的珍品，记录了 40 年代热血青年的理想和追求。

（原载《武汉大学报》，2008 年 3 月 14 日）

"六一"纪念亭

刘以刚

在武汉大学，有一座六角飞檐、碧瓦熠熠、六根朱红圆柱支撑的纪念亭，这就是"六一"纪念亭。

1947年6月1日，国民党军警千余人突然包围武汉大学，搜捕进步教授和学生，并开枪打死王志德、陈如丰、黄鸣岗3名学生，制造了震惊全国的"六一"惨案。在死难的同学中，陈如丰是台湾省台南县新营人。当时家中父母健在，有一个哥哥，两个弟弟和一个妹妹，生活十分清苦。惨案发生后，武大台湾籍同学控诉说：台省沦陷了50年，台胞受尽人间苦痛。陈君不死于日人刀枪下，想不到投到祖国怀抱里来受高等教育，反死于凶残的国人之手，这太令人痛心了！台湾同学会在敬悼的挽联中写道："涉重洋而来祖国，堪嗟大雅斯文，不死于寇盗，不死于仇仇，却丧于有司之手；将热血以溅自由，是真英雄本色，可萃乎泰山，可巍乎天地，更昭乎日月之光。"

6月4日，武大"六一"惨案善后委员会召开联席会议，其中一项议题是讨论纪念死难者的办法。决定在校内建筑一座纪念亭，将3位同学的殉难经过，刻写成碑文，并烧制瓷像（或铜制浮雕），以作永久之纪念。

6月18日，善后委员会又召开联席会议，研究了建筑纪念亭的地点。打算选择校体育馆前或校车站前的空场地，修建纪念亭，亭中立一纪念碑，邀请美术和建筑专家妥为设计。

纪念碑的碑文由谁来写合适呢？当时的代校长兼文学院院长刘永济先生想到了自己的学生李健章。李先生 1947 年 8 月从安徽大学回到武大执教，这时离"六一"惨案刚过两个多月时间，但珞珈山上仍然充满白色恐怖。李先生冒着杀头的风险，临危受命。刘永济教授对自己学生的安全考虑得十分周全。为写碑文的人保密，不公开他的名字。碑文写好后只在校行政会议上传阅。李健章先生在写碑文时，故意采用古文来写，使人不易读懂，容易迷惑敌人，后面一段议论加上孟子的一句话："如有一朝之患，则君子不患矣。"暗喻反抗的意思。碑文和三生传写好以后在校务会议上传阅，稍作修改即获得通过。纪念碑正面记述事变概略，背面书写三生家世，言简平实，情感深沉。纪念碑上的字是当时武大事务组的事务员瞿扶民写的，他擅长书道，字有功力。碑记用八分体书写，三生传用楷书写成。1948 年 6 月 1 日，"六一"纪念亭内树立起纪念碑。

（原载《老武大的故事》，江苏文艺出版社，2012 年 5 月，本书有删改）

解放的日子

吴中祥

在武汉即将解放的前夕，武汉大学的同学们发现通往校门的林荫大道两旁美丽壮观的古老大树，竟然已被即将溃逃的国民党军队乱砍得秃顶、断枝，一片狼藉。联系到两年前"六一惨案"国民党特务、军警夜袭学校，抓捕师生，竟在学生宿舍门前，残暴地枪杀了三名无辜同学的恐怖行为，当时的武大真是风声鹤唳，一片白色恐怖气氛。

但同时，留在学校的同学们也早已在地下党的领导下，组织在各个"生活学习小组"之中，学习时事，学习政策，学习唱《山那边好地方》《你是灯塔》《团结就是力量》《跌倒算什么？我们骨头硬！爬起来，再前进!》等鼓舞斗志的歌曲，团结起来，并分别联系、宣传、护卫与各自有关的教授、老师和员工。还积极做好"调查、登记校产、护校保产、迎接解放"的工作。

直到得知国民党军队已全部溃逃，还要采取措施，防止其"散兵游勇"乘机打劫破坏。同学们在宿舍铁门上缠上了收集到的铁棘网，门口也堆上沙袋，还轮流值班，日夜巡逻、守卫。此时，大家是多么急切地盼望着解放军的早日到来啊！

直到 1949 年 5 月 16 日，有同学发现一小队解放军正从校门前的小土路向这边走来，都兴奋地奔走相告，从校园各处纷纷涌向校门口，迅速地与附近的市民一起，自发形成热烈的欢迎场面。解放军也热情微笑着向我们招手致意，但并不停留，而是纪律严明、军容整肃地继续沿着校门前的大道向市内迈进。

看到这些，同学们数月来恐惧、紧张的心情顿时松弛下来，有了很大的安全感。学校的气氛立即由恐怖转变为了欢乐。《你是灯塔》歌词中原来对"你就是核心，你就是方向"所采用的"顶替主语""年轻的中国学生们"，也明确地改回为了"伟大的中国共产党"；更明确、兴奋地学唱《解放区的天是明朗的天》、《东方红》等颂赞解放和领袖的歌曲，还学习扭秧歌、打腰鼓。

经过几天的准备，大家就排着大队，欢言笑语地，来回一路地扭着秧歌、打着腰鼓，进城庆贺宣传解放。也正是这一天的前后，武大气氛的如此巨变，突出地显示出武大的"解放"。

（原载《武汉大学报》，2009 年 9 月 11 日）

毛泽东视察武汉大学

王　洛

1958年9月12日，毛泽东主席亲临武汉大学视察，这是武汉大学校史上光辉的一页。

9月12日下午7时20分，毛泽东主席在湖北省委负责人和武汉大学党政领导的陪同下，来到化学系和物理系的校办工厂，先后视察了师生员工在"大跃进"中办的炼焦厂、空气电池厂、硫酸厂、硅胶厂、卡普隆厂。在视察过程中，毛主席详细地询问了在工厂劳动的同学，和他们亲切握手。毛主席赞扬办工厂的同学"像个工人的样子！"并对领导工厂的同学说："要依靠大家"，"边学，边领导"，在技术革新中"土洋应结合"。毛主席勉励同学"好好学习，钻研知识"，"青年人就是要有志气，要经得起考验，要苦干，要巧干"。

在视察现场听取了学校党政负责人汇报教育革命的情况后，毛主席说："学生自觉地要实行半工半读，这是好事情，是学校大办工厂的必然趋势，对这种要求可以批准，并应给他们以积极的支持和鼓励。""在教学改革中应注意发挥广大师生的积极性，多方面集中群众的智慧。"

7时50分，毛主席乘车来到学校大操场与等候的武汉大学、武汉水利学院、武汉测量制图学院、中南民族学院中南分院 4 校师生员工 13000 余人见面。在主席台上,毛主席还从东头走到西头,向被接见师生挥手致意。7 时 55 分,毛主席乘车离开了珞珈山。

毛主席的亲临视察,使武汉大学师生员工受到极大鼓舞。当晚,师生员工分别座谈、表决心、订计划,一致表示要用实际行动来报答毛主席的亲切关怀。

1958 年 12 月,湖北人民出版社出版了武大校刊编辑的《毛主席在武汉大学》一书,记述了毛泽东主席视察武汉大学的光辉史实。

（原载《武汉大学校史》,武汉大学出版社,1993 年 10 月）

飞鸿印雪

栉风沐雨，峥嵘岁月，

一所大学，汇聚了多彩的时代华章。

珞珈山上的第一栋房子

皮公亮

　　现在珞珈山上的武大人，几乎没有人知道珞珈山上的第一栋房子。

　　武汉大学珞珈山校区的建设，是从 1930 年 3 月开始动工的。珞珈山（包括狮子山）原是荒山，杂草丛生，荒无人烟，也没有道路。在这样艰苦的环境下，1929 年 3 月 18 日，武大基建处负责人，负责监造的工程师缪恩钊带领助手沈中清及几名测量工，从武昌城里（注：当时大东门以内）步行到珞珈山，他们选择在珞珈山北麓（现"珞珈山庄"西北方"半山庐"东北方）先行搭盖临时工棚住下，按照美国设计工程师开尔斯的要求，开始测量并绘出地形图，为施工单位进场作前期准备。与此同时，他们就地取材，除门窗、屋檩用木材外，全用山上的石块垒起了珞珈山上的第一栋房子，名曰："珞珈石屋"。这是一栋三开间的平房，旁边还有厨房、厕所、杂屋。总共大约不到 100 平方米。站在石屋前，可远眺对面狮子山上第一期工程，依山修建的男生宿舍、文学院、理学院、食堂、礼堂等，一览无遗。

　　当父辈们来视察施工进度时，我们小孩子有时也随同来玩，并在"珞珈石屋"吃饭，所以我也可以说是看着珞珈山新校舍建起来的。每次来当然都先见到缪恩钊，他高高的个头，上唇留着小胡子，嘴里总含着烟斗，胡须都熏黄了。缪恩钊在监理工程上一丝不苟，非常认真。当时我就听说，施工单位在施工时，有不符合设计要求或偷工减料的，他都不讲情面，严格把关，积极采取补救措施，有的甚至推倒重来。当时的施工单位，主要是汉口汉协盛营造厂。据说，为建设武汉大学亏了本，但质量上乘，赢得了信誉。珞珈山上，武汉大学的老房子已近 80 年了，经过几十年风风雨雨，主体结构仍坚固如初，我们不忘记缪恩钊，他是功不可没的。

1932 年 3 月，第一期工程完成，武大由东厂口迁到珞珈山。当时学生只几百人，学生宿舍还有不少富裕房间，一些行政部门，都到学生宿舍办公，基建处也搬去了。"珞珈石屋"空了出来，恰好此时，两位著名教授来到武大：一位是任凯南，他是国立武汉大学筹备委员会委员，曾任省立湖南大学校长。他来武大担任经济系主任，后又兼法科研究所经济学部主任；一位是李剑农，曾任湖南省教育厅厅长，他来武大任历史学系主任。这两位教授都没有带家属，只身来武大。学校就把"珞珈石屋"分给这两位教授了。任凯南住西边，李剑农住东边，前房作书房，后房作卧室，共请了一个厨师做饭。

这两位教授同为湖南人，乡音较重，有些话难听懂。两人都曾到日本留学，都参加了同盟会。辛亥革命后，又一同在汉口办《民国日报》，因反对袁世凯被通缉，后又一同到英国留学。两人外形上也有类似之处，身材比一般人高大，面部表情同样是庄严肃穆，很少有笑容。任凯南蓄短胡须，李剑农戴眼镜。

任凯南，湖南湘阴县（今汨罗市）人，1884 年出生。他一生精研西洋经济史和西洋经济思想史，其造诣被经济学界誉为南任（凯南）北马（寅初）。抗日战争前，国民政府选考庚款留学生，这两门学科，大多由他命题、评卷。他是世界"发展经济学"的鼻祖，现任华中科技大学经济发展中心名誉主任的张培刚教授，就是任凯南的嫡传弟子。2004 年，中央电视台十频道"大家"栏目记者专访张培刚时，张培刚谈到他的恩师，电视中还出现了任凯南的照片。1937 年 7 月，任凯南应国立湖南大学校长皮宗石之邀，到湖南大学任教务长，离开了珞珈山。

李剑农，湖南邵阳县人，1880 年出生。他精研中国近代政治史及中国经济史。在这两方面的研究，他都做出了重大贡献。李剑农还是中国古代经济史的开拓者，我在武大经济系就读时，亲自聆听他讲授了这门课，他在讲课中旁征博引、深入浅出、有述有论，使我获益良深。特别是有一次讲课时，谈到他为了穷究一项史实，每天翻阅史料数百页。他所教的中国经济史，是他用力最多最勤的一门课，他的讲义，大多是他的创作，许多材料搜自历代民间的笔记，再以他自己的观点来统帅，而不是硬抄生搬过来。尽管如此缜密治学，但他对所著有关中国经济史这一闻名遐迩的专著，直到他仙逝后，仍以《中国经济史稿》出版，认为只是可继续研究完善的文稿，足见其终生治学之严谨、谦逊，堪称垂世的楷模。

抗战期间，李剑农没有随武大西迁到四川，而是回湖南在国立兰田师范学院、湖南大学任教。抗战胜利后，1947 年，他又回到珞珈山，直到 1963 年 12 月去世。他是武汉大学的第一批一级教授。

由吕希安、波亚主编，美国纽约格林伍德公司 1991 年出版的《近代国际大史学家》一书，收录 1800 年以来各国大史学家 664 人，其中中国 14 人，李剑农是其中之一。

　　这两位著名教授，我从小就认识他们，当时我家住在"十八栋"（一区），我们小孩子在珞珈山上到处玩耍，从"十八栋"到狮子山校区，我们不走大路，翻越珞珈山，经过山顶的水塔，走小路，"珞珈石屋"是必经之地，他们的大门从不关，我们经常进去喝水。两位教授十分勤奋，除授课外，几乎整天都在屋里看书写作。"石屋"安静得像一座庙。当时曾与任、李二教授一同在英国留学的外文系女教授袁昌英给他们开玩笑，将"珞珈石屋"称为"任李二公祠"，这个名字居然后来传开了，成为"珞珈石屋"的绰号。

　　新中国成立后，由于武大的扩建，"珞珈石屋"已被拆除，与石屋有关的三位主人虽已作古，但他们的业绩与精神，给武大的校史留下了璀璨的一页。

国立武汉大学开山者刘树杞

吴纯法

1928 年国民政府定都南京后，刘树杞被任命为湖北省政府委员、湖北省教育厅长，为发展湖北教育事业建树很多，颇受赞誉。为了加强培养国家建设人才，国民政府决定在全国大力发展高等教育。刘树杞首先提议改组武昌中山大学，建设一所新型大学。受国民政府大学院（后改为教育部）院长蔡元培的指派，刘树杞担任主任，会同李四光、王星拱等八位教授组成国立武汉大学筹备委员会，开始组建工作。1928 年 8 月 6 日，蔡元培任命刘树杞兼任武汉大学代理校长，同时任命李四光为新校舍建筑设备委员会员长。

刘树杞上任后的首要问题就是修建新校舍，他感觉过去的老校址过窄，且居闹市，不利于学校发展。在新校舍建筑设备委员长李四光等人勘定珞珈山一带地形后，刘树杞与省政府官员多次前往考察，认为珞珈山一带风景绝佳，力主在此建校，进而进行规划和布局。他对新校舍的建设倾注了极大的热情，并认为"学校学术的勃兴，大半系乎教授；而教授的聚集，也大半看学校的精神。校舍——伟大学校的建筑可以说是学校发扬的处所"。在每月创建经费落实的问题上，刘树杞亦积极向政府陈情。

对于武汉大学的特点，亦即刘树杞所说的"精神"，他概括为五点：一是注重党义，即用三民主义作指导；二是注重质而不注重量，不挂空名，一科一科地做，避免中学般的大学程度；三是学术研究向深邃处发展，防止课程之浅薄；四是追求更伟大的建筑，更新鲜的外表；五是造就学术上适合于中国建设、精神上健全而具有高尚人格的实用人才。正是按照这些思路，刘树杞一方面把武大的校舍建设得别具一格，如布达拉宫式的风貌，一方面又延聘闻一多、黄侃、曾昭安、周鲠生、竺可桢、叶圣陶等知名教授，使武汉大学名重一时。

刘树杞为武汉大学的规划和发展做出了重大贡献。他虽然在武大作代理校长的时间不长，但他是武大的奠基者，有开山之力兼首创之功。

1929 年 3 月，刘树杞在主持完成武汉大学筹备、使武大教学走上正轨后，便向教育部提出辞呈。在辞呈中，他推荐李四光先生继任武汉大学校长（后由王世杰接任）。他虽是以"兼职工作太多"为由作为提出辞呈的借口，但实际上，此时刘树杞受到黄昌谷的排挤（黄通过胡汉民的关系，谋求教育厅长的职位），出于对科学事业的热爱和对国民政府腐朽黑暗的政治不满，他不仅辞去了代理武汉大学校长职务，而且毅然辞去了湖北省政府委员及教育厅长职务，请得中华文化教育基金会甲种研究员资格，和志同道合的李四光结伴同行，再度赴美，在哥伦比亚大学专门从事电化工程和制革学的研究。

（原载赤壁一中校园网，2012 年 4 月 17 日，原文题为《中华杏坛的一面旗帜》，http://www.cbyz.net/Item/1145.aspx）

王世杰魂牵武大

张昌华

　　王世杰一生涉猎政治、教育、文化、艺术和法学多种学科，历任民国的大学校长、教育部长、宣传部长、外交部长，台湾"总统府"秘书长和"中央研究院"院长等职，但他留下遗嘱，死后墓碑上只镌刻"前国立武汉大学校长王雪艇先生之墓"。

　　1928年7月，国民政府大学院正式决定筹建国立武汉大学。

　　1929年1月5日，武汉大学隆重举行开学典礼，王世杰时为国民政府首届立法委员，代表教育部莅临祝贺。他在祝词中说，要办好武汉大学，使其能够真正履行传播知识、提高深邃学术的使命，必须要做到四点：经费独立、完成新校舍的建筑、教授治校和选择教授并提高其待遇。

　　是年5月，王世杰正式出任武汉大学校长。此前他在教育部，说关于武大"经深思熟虑后，认为不办则已，要办就当办一所有崇高理想，一流水准的大学"。他认为："武汉市处九省之中央，相当于美国的芝加哥大都市。应当办一所有六个学院——文、法、理、工、农、医，规模宏大的大学。""十年以后，学生数目可达万人。"上任之初，他即表示："留校一天，当努力尽自己的力量，决不敷衍于苟且，空占其位置。"在全校师生欢迎他的大会上，他提出创造新武大的 5 个条件，即："巨大的校舍"、"良好的设备"、"经费独立"、"良好教授"和"严整纪律"。

在上述 5 个条件中，王世杰把"巨大的校舍"作为首要条件。走马上任之后，他便积极奔走于珞珈山新校址的圈定和新校舍的建设中。

新校址圈定了，由于地方政府不积极合作，加之一些"群众"的刁难，王世杰伤透了脑筋。兴建新校舍要修路，必须动迁一些坟墓。当时民间迷信风水，坟主们联合起来向政府请愿，要求制止武大迁坟修路。负责武大迁坟的叶雅各教授曾留学美国，年轻气盛，认为这是迷信，率数十名工人一夜之间将有碍修路的坟全部挖掉。

坟主"愤而上诉，事情闹到中央去了"。所幸王世杰上下求索，多方奔走，才逐渐将此事平息。孰料，兴建校舍时要迁武昌豪绅家的坟冢。豪绅们依人仗势向教育部、湖北省政府捏词呈诉，并寄发大批恐吓信给王世杰，更有甚者当面恐吓王世杰："如果强迫迁坟，我们就不保证你王世杰的人身安全。"声言"王世杰如果挖我们的祖坟，我们也要去崇阳挖他的祖坟"。面对各方压力，王世杰以惊人的胆魄据理力争，一面不妥协、不退让，一面又多方沟通、求援，直至请行政院长谭延闿下训令饬湖北省政府，才把这豪强坟主们掀起的反迁坟事端平息。迫于无奈，王世杰被旧军阀石星川敲诈去 5000 元。

迁坟风波平息，王世杰又为建校舍经费不足犯愁。他不得不亲赴上海找宋子文。迟到的宋子文以一句话打发："一个钱没有。"王世杰再度进京，求见行政院长谭延闿，好歹"才算是解决经费上二分之一的难题"……

　　经过两年的努力，美轮美奂的武汉大学在风景如画的珞珈山旁、碧波荡漾的东湖边屹立了起来。

　　硬件有了。在聘用教授上王世杰的原则是要有学术成就，而无门户之见。教授中，国民党员极少，不同学派不同政见者居多，兼容并包。连带有浓厚"左"倾色彩的陶因、范寿康也聘，允许他们讲授包括《资本论》在内的经济理论和历史唯物主义、辩证唯物主义。王世杰认为："一家大学能否至臻于第一流，端赖其文学院是否第一流。有了第一流的人文社会科学诸系，校风自然活泼……有了好的文学院，理工学生也会发展对于人文的高度兴趣，可以扩大精神视野及胸襟。"唯此，当年武大文学院人才盛极一时：闻一多、陈源、朱光潜、叶圣陶、钱歌川、吴其昌、苏雪林、凌叔华、袁昌英，等等。

　　在教育学生方面，他注重"人格训练"，他认为"人格的训练……至少应该与知识灌输占同等地位。"要求学生"好学、吃苦、守纪律。""在课堂上、考试上，以及人品性格修养上……造成良好的学风。"他最喜欢给青年题的词是："择善固执"。

　　武大校史中对王世杰有中肯的评价："王世杰任国立武汉大学校长期间，致力于珞珈山新校舍的建设，制定了发展蓝图，四处筹集经费，严格遴选教授，要求师生有严明的纪律，养成良好的学风，支持师生的抗日爱国运动，注重发展科学研究，提出大学'总理纪念周'要增加学术演讲。"

　　"九·一八"事变发生后，武大学生纷纷要求赴南京请愿，要求政府抗日。湖北省政府主席何成浚百般阻挠，并逮捕了一些学生。王世杰为此两次找何交涉，促使他释放了被捕的学生，并放行两三百学生乘船到南京。

　　王世杰运用自己的影响，并通过南京的罗家伦等做工作，使武大的学生请愿团在南京游行和与蒋介石对话时，基本上体现了"克制精神"。同其他大学相比，颇有"秩序"，也未参加焚毁《中央日报》行动，因此受到蒋介石的特别关注，认为王世杰"办学有方"。这与他后来受到蒋介石的重用是不无关系的……

王世杰到台后，对武汉大学仍情深意笃。为寄托他对武大的思念，他刻了一方"东湖长"的图章，一一钤在他所收藏的名贵字画上。他生前曾对家人表示：其所珍藏的书画日后应移赠武汉大学保存（这批书画现藏台北"故宫博物院"）。

东湖长，勿相忘。

武汉大学也不忘老校长王世杰，在美丽的校园内为他立了一方纪念碑。

王星拱流亡兴学

谢绍正

每天上午同学们都会看到一辆黄包车从城外赶来，直奔文庙武汉大学校本部。上面坐着一位身材高大的老者，一袭布衣，一双破鞋，神情十分严肃，让人望之就不由心生敬畏。这就是武汉大学校长王星拱教授。

说起王校长，无人不称其节俭朴素。关于王校长的"坐骑"，有这么一段典故：那时大学校长地位颇高，备受尊敬。国民政府曾为王星拱配置一辆小轿车，这是与部长、省长同等的待遇。但王校长对此并不热衷，多是步行至校，间或坐黄包车，优哉游哉上下班。一次司机顺道载其女儿到汉口，王星拱知道后大为生气，并坚持补足车费。后来到了乐山，他干脆把轿车也卖了，每日坐黄包车上下班，于是便有了文章开端的一幕。

虽然身为一校之长，但王星拱仍以身作则，清贫度日，勤劳工作，毫无怨言。他还将好处留给更需要的人，女儿读书也坚持不要贷金。由于校长平素俭朴，加之其左脸颊有一块泛青色，故而学生们称之为"清官"。

1944 年白崇禧到乐山演讲，周围军警戒备森严。王星拱校长的黄包车在来校途中被军警拦住，最后军警还把王星拱掀翻在地。周围的同学看到自己尊敬的校长受辱，愤怒地围上前与军警理论，严辞厉色地要求他们向王校长道歉，最后在王校长的劝解下才避免了冲突。

随后白崇禧来到武大礼堂训话。刚开始不久就有学生拍案而起，打断白崇禧的讲话："报告白总长，今天月呴塘驻军随意侮辱我们的校长，请问该当如何处理……"马上又有一个学生怒气冲冲地站了起来痛斥驻军，会场立即沸腾了。平日文质彬彬的武大学生慷慨激昂，痛斥当地腐败官僚。堂堂国民党大员竟被武大学生责问得无言以对，在台上无比尴尬，狼狈不已。几分钟之后王星拱见其像个斗败的公鸡那样灰头土脸，也不想再多加为难，才缓缓站起来为他救场，白崇禧才能趁机离开会场。之后在一次宴会上，这个一向嚣张跋扈的国民党高官不得不向王星拱陪酒道歉。

"爱生如子"，许多学生这样评价这位德高望重的校长。连年战乱，物价飞涨，昨日或许还能买一只鸡的钱，今天可能买不到一个鸡蛋了。当时大多学生靠政府贷金度日，但负责部门工作不力，贷金不知猴年马月才能发到学生手里。因此学生每次收到的贷金大打折扣。为此王星拱不顾舟车劳顿，每次发放贷金前都赶赴陪都重庆，亲自到教育部领取贷金，之后随即赶回乐山将贷金发放给学生，确保学生贷金的"含金量"。

王星拱深受蔡元培办学精神的影响，主张"学术自由，无为而治"。时国民政府为加强对学生的管制，在各个高校设立训导处。王星拱慧眼识人，任命正直无私的辛亥老人赵师梅为训导长，一同抵制国民政府压制学生的政策。

这位校长是很聪明的。当时缪朗山在武大教授俄语，并宣传马克思主义，深受广大学生的欢迎。但特务对此却大为惊恐，欲以赤化之罪逮捕缪郎山。王星拱随即针锋相对地驳斥：

"教俄语是赤化，教日语岂不成了汉奸?!'"特务遂无言反驳，铩羽而归。不久教育部训令其解聘宣扬先进思想的杨东莼教授，王星拱也以"上课虽有过激之语，但无越轨行动"加以推托。

　　由于王星拱的办学主张违背国民政府的独裁方针，被迫于1945年7月离开武汉大学。后到广州中山大学任校长，但终因与官僚政府格格不入，愤然辞职返乡。1949年王星拱在上海逝世，时任上海市长的陈毅元帅亲自挥笔悼念，誉之为"一代完人"。

周鲠生迎难而上

　　1945年7月初，抗战即将胜利的前夕，国民党政府教育部议定调王星拱为广州中山大学校长，决定由周鲠生接任武大校长。周鲠生受任校长时，面临最紧迫的两大难题：第一，由于武大进步力量强大，斗争激烈，被特务密告的人和事颇多，校长左右为难。第二，抗战胜利在即，迁校复员武昌成了当务之急。

　　周鲠生对于第一个难题的态度是效法蔡元培先生，决不无故开除一个学生。然而第二个难题，由于抗战期间的珞珈山校舍，先是被日军野战部队占用，后又为日军野战医院和文职官员霸占。日寇投降后，珞珈山校舍表面上看依然宏伟，然而校舍内部设施却被破坏无遗：师生员工急不可耐地盼望着东还珞珈山。东还与西迁相比较更为困难：一是学校人员增加了两倍以上，师生员工总数已达3290人，还有大量的图书档案、仪器设备要装运，仅公物就有939吨。加上物价上涨了两千倍，西迁乐山时仅用2.7万元（法币，下同），经过十年的货币贬值，东还珞珈山却要29.2亿元；二是交通工具紧张，飞机、轮船等主要交通工具多为国民党行政官员和军队征用，学校复员只有靠木排和徒步。由于周鲠生校长的精心筹划安排，总算一个个地解决了。

　　1946 年 3 月 10 日，第一批物品从乐山起航，同年 6 月 20 日首批人员起程。师生们历尽艰辛，终于全部平安东还；1946 年 10 月 31 日，先期达到珞珈山的师生在学校礼堂举行了"武大成立十八周年暨三十五年度开学典礼"。

　　此时，周鲠生校长立即着手恢复农学院和设立医学院的工作。武大农学院在抗战前已初具规模，西迁时奉命并入中央大学农学院。这次恢复，聘请叶雅各为筹备主任：早在 1935 年，武大在东湖磨山一带购置了 5000 多亩农田果园和林场。八年沦陷，大半荒芜，叶雅各主持了垦荒兴种修整，才使磨山林场重披绿装，到新中国成立前夕，武大农学院已发展到农艺、森林、园艺、农化四个系。1946 年 10 月，武大又着手设立医学院，聘任李宗恩（李为英国留学生，皇家医学会会员，抗战时任贵阳医学院院长）为筹备主任。医学院下设解剖学等 18 个学科，并在武昌东厂口设立附属医院，开办医护学校等。科学研究方面也出现活跃的好势头。在经费困难的情况下，仍然创办和恢复了一度被停办的刊物。武大图书一向丰富，但是经过西迁东还的千里辗转，加上日寇敌机的轰炸破坏，损失严重，但在曾昭安教授主持下进行了一次大清理，此时图书仍有 154455 册之多，为教学科研提供了较好的条件。武汉大学经过几十年的艰苦努力，教学质量和学术水平不断提高，得到国内外的称誉。

　　1948 年 2 月 20 日，教育部国际文化教育事业处函告学校：英国牛津大学已认可武大毕业生在牛津之研究生地位，即武大毕业生前往牛津学习凭武大审查成绩即可入学。享有同等待遇的还有北大、清华、南开、中央、浙大及协和医学院。1948 年底，中央研究院选举 1949 年度院士时，武大曾选出九个候选人。随着武大学术地位的不断提高，学校对国外的学术交流活动也日益频繁。

　　武大迁回珞珈山后，学校经费拮据。国民党为了打内战，一再紧缩教育经费。1947年3月24日，周鲠生校长在全校大会上报告说："学校经常费每月只有一千一百余万元，而1947年2月全校仅水电费一项就开支二千六百万元。"一个月全部费用还不敷水电开支，教学科研的困境就可想而知了。加之当时物价继续上涨，1948年元月份校内人员乘车买票只要一万元，8月份就涨到六十万元。由此可知当时全国经济形势之混乱，也更看出周鲠生此时办学之艰难。但是，周鲠生服膺伟大的教育家蔡元培的办学精神，认定办好一所大学，首先要有优秀的师资。所以他求贤若渴，广揽人才，摒除门户之见，宗派之别，不管是英美派，还是德日派，对于有真才实学的学者专家，他都聘用。1939年到1945年，他在美国讲学期间，就十分注意在留学生中选拔人才。对选中的留学生总是亲自登门邀请。仅1945年到解放初，从美国留学生中应聘来武大的青年教授就达到50多人，如张培刚、韩德培等，使武大新老学者荟萃，人才济济。据统计，1948年武大教员297人，比1946年增加近100人。其中教授134人，比1946年增加32人，副教授增加了26人。孟昭礼、李儒勉、周如松、陈逵、李剑农、韩德培、张培刚、吴保安、赵理海、许宗岳、陈翼枢、曾启新、赵国华、余家泃、石琢、林侔圣、方善桂、任华、吴宓、汪奠基、周辅成、韩家学、查谦、周金黄、桂质廷、高尚荫、曹诚克、黄培云、吕保维、鲁慕胜、陈华癸、李宗恩、袁浚、章文才等知名学者专家都是这个时期应周鲠生校长之邀请来到武大任教的。

　　有一次北大校长胡适来武大讲学，看到武大积聚了这么多的年轻教授，十分感慨地对周鲠生说："你真配当大学校长，你很爱惜人才。"周鲠生不仅善于选拔和爱惜正规学校培养的学生，还特别爱惜自学成才的青年人。早在 1933 年他任武大教务长时，在全校作《考试与教育》的演讲时就对自学成才作了深刻的阐述，号召师生们摒除世俗的偏见，看重自学成才的青年。我国著名法学家李铁铮在他的《敝帚一把》中还详细地记述了周鲠生先生怎样引导他这个青年走上自学成才之路。

　　周鲠生不仅爱护人才，珍惜人才，而且还十分强调尊重人才。在他任武大教务长期间，恰逢武大开展纪念张镜澄教授执教 20 周年活动和 1935 年追悼已故前代校长刘树杞活动。按惯例，每当这些活动，全校师生有钱出钱，有物出物，各买些人参、银耳补品之类的物品以表对恩师和好友的敬意。周鲠生认为这种表敬意的时间不会长久，为了久远地志先生德业之盛，他和王星拱等倡议设立纪念奖金，既有利于志先生德业之盛，也有利于鼓励后之学者能继先生之志；有所造于斯学，较之鹿洞之碑，鹅湖勒石更有意义。

记若干"第一代"武大校友

查全性

我 1931 年随父母来到珞珈山，1935 年进入东湖中学（武大附中前身），后去乐山，1947 年进入武大化学系，毕业后又留在武大工作至今。算起来，与武大已有 70 余年的缘分了。然而，在众多"武大人"中，我只算得上是"第二代"或"第 2.5 代"，不敢摆老资格。但我还是想谈谈武大的老故事。

据我所知，当年筹建"国立武汉大学"的主要是一批风华正茂的年轻人。他们多出自国内外名校，而立志要在"高等师范学校之外"创建一所"中国人自己办的现代大学"，包括李四光、刘树杞、王世杰、周鲠生、王星拱、皮宗石、杨端六、叶雅各等，可称武大"第一代"校友。他们硬是在武昌郊外荒山野渡之间（当年叶雅各等人勘查新校址时，曾在今日街道口处亲见"此乃蛇狼出没之处，行人不可久留"大意的石碑），奠定了今日美轮美奂珞珈校园的基本格局。此处先暂谈谈周鲠生、叶雅各二位先辈。

周鲠生先生最主要的功绩是他在治校的各个阶段，胸怀博大、求才若渴，为武大汇集特别是文、法、经济等学科的名师队伍，立下至今仍处处可见的功绩。这一传统，当今正在我校发扬光大；而周鲠生先生在 20 世纪三四十年代即能在并不缺乏"门户之见"的高等学府坚持"用人唯才",建立优良传统,确实值得我们敬佩。周先生律己极严,在他担任武大校长期间,他的子女无一人被武大录取,至今仍传为佳话。

如果说周先生的功绩主要在"树人",叶雅各先生的功绩则主要是"树木"。武大创建新校舍之际,珞珈山基本上是野坟遍布的光秃荒山。几乎每一棵如今耸立在校园内的大树,都是当年叶雅各先生筹划和亲自参加种植的。尤为难得的是,他身为生物系教授(后为农学院院长),此后若干年内几乎整日在幼林中巡视,一旦发现有破坏树木之事,立即严肃处理,决不轻饶。某名教授(姑隐其名)曾拔了一株松树用来制作圣诞树,叶先生知悉后立即登门大兴问罪之师,直至该教授认错重新种植方休。在如此悉心管理下,不足10年珞珈山上已蔚然成林,鸟语花香,成为全国绿化的典范,叶先生实在功不可没。

如今"名师""名园",相得益彰,应可告慰诸"第一代"武大校友于九泉;而创建一流大学之重任,则仍待吾辈奋力完成。周、叶等先辈在建立名师队伍与维护校园等方面所确定的优良传统,是否应视为至今仍有重要意义?

云蒸霞蔚"十八栋"

罗时汉

曾经来过武汉大学的胡适先生有句名言："大学不是大房子，而是大师。"

有大师级的教师的确是大学的财富，但这些大师也不能不住房子，还不能住普通的房子。所以说，一座名牌大学既要有大师，也要有与之相配备的不同寻常的房子。

"十八栋"就是这种不同寻常的房子。它是武汉大学大师云集的地方，是珞珈山上智慧的渊薮。

很多人不知道美丽的武汉大学有一个"十八栋"——它被满山的绿树掩蔽着，也被历史的烟云湮没了。

但它与那么多的学术大师、历史名人休戚相连，积淀了那么多有关中国现代史、高等教育史、学术史息息相关的历史信息，注定要成为后人永远探寻、追忆的胜地。

一个鸟语花香的春日，我们跟随"十八栋"曾经的居住者——著名电化学家查全性院士、资深记者皮公亮先生来到这里，踏访已经沉寂、破败多年的"十八栋"，回眸它数十年前云蒸霞蔚的历史，崇敬之感油然而生。

武汉大学建设之初，并不是"先生产，后生活"式的不注重教师的住宅建设，没有梧桐枝，引不来金凤凰。师道尊严，学校之首要，哪能不精心经营。

20 世纪 30 年代初，矗立在珞珈山南坡的三排西式小洋楼十分打眼——因为那时山上光秃无树，现仍倒在石阶边的一通光绪年间"皇清诰封宜人故继妣王母蔡太君之墓"碑可作佐证，当时的"罗家山"是一座坟山。

坟山的好风水轮流转给了大学的教授楼。它背山临湖、错落有序，数字恰好合了个吉利数，人们开始称它为"十八栋"，也希望它如青春般焕发。

于是，一大批名师鸿儒在此入住，他们的事业与新栽的小树一起生长，既给年轻的武大带来了莫大的声望，也为珞珈山滋生了葳蕤的人文绿荫。

"这第一间就是我家。"在环山南路的拐弯处，81 岁的皮公亮先生像唐代诗人贺知章笔下"少小离家老大回"中的长者，眼里充满激情。

"王星拱是第一任教务长，他升任校长后搬到第 18 栋，我父亲皮宗石接任他，就从第 16 栋搬过来了。"皮老就这样讲开了"十八栋"的故事。山上的别墅群，最初总共有 8 个单栋和 10 个双栋，也就是说可住 28 户人家；加之后来增建的三单一双四栋房子，加起来就是 30 多户。这是"教授中的教授"所住的，也就是说，只有校长、教务长、文法理工农医各院的院长及部分系主任，才能住进来。甚至外界传言的苏雪林、吴宓等名家，当时还没有入住"十八栋"。

同在珞珈山别墅群 18 栋长大的查全性院士跟皮老一起凭记忆向我们一一介绍了这些楼栋及它们的主人，为历史存真。

从西向东、从下至上罗列，老"十八栋"的第 4 栋住过范寿康、陶因、刘乃诚、钟心煊等人，第 5 栋住过郭霖和蒋思道，第六栋住过缪恩钊、高翰，第 7 栋住过陶延桥、李儒勉，第8栋住过王星拱、皮宗石、刘正经，第9栋住过查谦、余炽昌、吴维清和席鲁思，第10栋人气最旺，先后住过汤佩松、方重、陈鼎铭、吴于廑以及刘炳麟和查谦，第11栋住过周鲠生、刘秉麟，第12栋住过徐天闵、张有桐、方壮猷，第12栋住过叶雅各，第14栋住过邵逸周，后改为招待所，第16栋住过皮宗石、葛杨焕，第17栋住过杨端六、陈华葵周如松夫妇和外籍老师，第18栋则分别住过三任校长王世杰、王星拱和周鲠生，第19栋和第20栋有汤藻真、黄叔寅、刘永济、高尚荫等人先后住过，具体分布就很难记清了。在第20栋和第21栋之间，原来还有一栋，抗战中毁了，第21栋则住过许崇岳。

西边后盖起的四栋，第1栋住过杨端六袁昌英夫妇，第2栋住过朱祖晦、刘乃诚、陈源（陈西滢）凌叔华夫妇和刘永济，第3栋住过查谦和桂质廷（桂希恩之父），第15栋住过高尚荫。

这两位年过八旬的当事人回忆的史实，可算是最具权威的第一手资料了。

"十八栋"的黄金时代

或许用现代人的眼光看"十八栋"，也真不觉得它有什么了不起的地方，但在20世纪30年代，它的环境之雅、门槛之高是有名的，是当时"中国最美丽的大学"的一部分。郭沫若曾誉称其为"蜂窝水涡"、"物外桃源"，"太平时分在这里读书，尤其教书的人，是有福了。"并表示抗战胜利后要来这里任教。

据说，受文学院长刘永济之邀，著名历史学家吴宓于1946年到达珞珈。"夫宓在武大，既不能与一区仙山楼阁（指

18 栋，笔者注)之贵家世臣，同处共乐(见吴宓日记)"，就因为不能入住十八栋，这位吴大教授怏怏不欲久留，辞别而去了北大。

很多人垂青这片人间乐土，据苏雪林回忆，当时教学区在老斋舍一带，从珞珈山南麓到老斋舍，以正常步速计算，至少需 30 分钟，且一路翻山越岭。为了让住在"十八栋"的名教授们轻松上课，学校专门开通了定时往返的交通车。这在当时实属豪华。须知，解放初期全武汉市总共只有 150 辆汽车。在 20 世纪 30 年代学校有此壮举，令人震惊!

"十八栋"的含义，不仅仅是指那风光旖旎依山傍水的小洋楼，可能更重要的是那里面居住着代表了武汉大学文化、学术和气质的教授们。能够住在这里不光是舒适、气派，更重要的是名分。这就是为什么高尚荫教授第二次回国时要求仍住"十八栋"的原因所在。

处在海拔 110 多米的"十八栋"，因地处珞珈山南麓，避免了冬季呼啸南下的北风，而太阳由东南升起，由西南降落，刚好一整天跟这排别墅打了个照面。所以，一年的很长时间，这里总是一派静谧祥和。

教授们的月薪在 400 块光洋左右，相当于普通员工的几倍，堪称白领贵族。所以他们就在山顶上开创了一种寻常人难以想象的优雅生活。

皮公亮说，当时小洋楼基本格局相同，真假四层。一楼为厨房、杂物房和厨师房，二楼三间为书房、餐厅、客厅，三楼为三间卧室，四楼堆放杂物。电话、冰柜等一应俱全。厨房的炉灶烧白煤，炉膛有盘状水管，可以为三楼洗浴间提供热水，这在当时中国是为数不多的。皮公亮记得每家都请有两个佣人，若设家宴还要打电话到粮道街的魁星楼酒店请厨师，由他们挑担把菜肴原料送来。至于西式茶点，有汉口合昌西点铺的伙计每天按时推着自行车来送货。偶然有汽笛响起，那是定时上下的班车和校长乘坐的福特牌轿车，有个司机姓林，小伢们都面熟。

查全性说，那时武大有自备水厂和电厂供水供电，到晚上10时半准时停电熄灯，加之当时学校禁止打麻将，也就没有什么晚间活动了。平时的业余生活，有的教授爱到磨山打猎，那里有麂子和野鸡，叶雅各就有杆双管猎枪。看电影稍微麻烦一些，武昌没有电影院，要到汉口的"上海"、"中央"去看卓别林的《摩登时代》等影片，就得搭车坐船花大半天。

属于两位名门之后的儿时记忆有很多，春捉蝌蚪，冬打雪仗，夏粘知了，秋采野果。青梅竹马中，有的教授结成儿女亲家，如叶雅各的儿子叶绍智和钟心煊的女儿钟芝明、皮宗石的儿子皮公亮和刘永济的女儿刘茂舒，都是在"十八栋"长大，缘定终生。

只是，属于他们和"十八栋"的黄金时代十分短暂。

国共两党要员曾结为左邻右舍

抗日战争爆发以后，武汉成为事实上的战时首都。国立武汉大学名人荟萃，周恩来、郭沫若、康泽、黄琪翔等国共两党要员住过"十八栋"，斯诺也来造访。

据郭沫若的自传《洪波曲》中记叙，1938年4月，武汉大学举校西迁四川乐山。留下的校舍成了国民政府军官训练团的团部。蒋介石任团长，陈诚任副团长，半山庐等几栋较大的宿舍成了他们的官邸。因为范寿康是武大教授的关系，让郭沫若住进了张有桐的宿舍。而黄琪翔成了他的邻居，"站在月台上可以彼此打话。"周恩来和邓颖超也住在上面一层。郭沫若在校园里会见了张群和陈诚，握手寒暄，还与胡愈之等一起参加过蒋介石的"御前会议"。

其时住在"十八栋"的查全性回忆："我几次看到蒋介石和宋美龄在校园里散步哩。"

1938年10月武汉沦陷后，日寇进入珞珈山，"十八栋"成为日寇高级军官住所，有些楼房内部改造成日式风格。八年后乐山武大东还珞珈，"十八栋"总算安然无恙，王世杰、叶雅各等人手栽的香樟、酸梨枣等名贵树种，正郁郁葱葱，蓬勃向上。情景真如诗圣所咏："国破山河在，城春草木深。"

新中国成立前后"十八栋"进入它的第二个黄金期。但"文革"开始就日渐冷落了，因为从政治上来说这是"知识分子（不说'牛鬼蛇神'就够客气的了）"成堆的地方，人人避犹不及，要划清界限。山上的人也希望下山，跟革命群众打成一片。加之山上生活不便，"十八栋"也就逐渐失去了往日威权与人人向往的魅力，渐渐淡出了人们的视线。

"十八栋"的人丁日渐稀少，没有人气"托"着的房屋，其衰败、落魄、凄凉，可想而知。但山上的生命依旧旺盛。各种乔木、灌木蓬勃向上，占据着一切可以占领的地盘。这些绿荫紫罗兰环绕的楼群已日趋破败。正如沈祖棻教授所描述的："忆昔移居日，山空少四邻。道路绝灯火，蛇蝮伏荆榛。昏府寂如死，暗林疑有人。中宵归路远，只影往来频。相看惟老弱，三户不成村。"就在我们漫步林间小道时，竟有一头小猪悠然地向我们走来。这里不知何时有人加盖了平房，种菜养猪。

不过，这样的境况不会太长。目前，武汉大学已决定对"十八栋"进行整体保护，不仅用科技方式定位监察，还将斥资维修。不久，作为武汉大学早期建筑重要部分的"十八栋"将整旧如旧，再现她昔日的风采。

（原载《长江日报》，2006 年 4 月 24 日）

中国女性的佼佼者

王碧莹

　　1929 年 5 月，原在国民政府教育部任职的王世杰（字雪艇）就任新武大校长。王于民国九年（1920 年）由欧返国，即在北京大学任教，对校长蔡元培先生招收女生之举深为赞许。王在教育部任职时，不但主张小学和大学男女要同校，就是中学也当如此；因为有些偏僻地方，也许至多只能办一间男子中学，女子就没有读书的机会了。

　　当时武大设有"女生指导员"，毕业于日本早稻田大学的周清芬在民国二十二年（1933 年）九月来校任女生指导员。民国二十四年（1935 年）三月，王校长特地自天津聘请顾如先生来武大担任女生指导。顾先生曾留学美国，获加州大学硕士，在担任女生指导员的同时还是文学院外文系讲师。同时代武大人都评价说，顾先生精明干练且勤勉敬业，人又和蔼可亲、风度优雅，深得女生敬爱，她担任女生指导成绩斐然。王世杰校长晚年在台回忆武大往事，仍庆幸："武大女生，有声闻于社会，而我亦深庆延揽师资之得人。"顾如先生赴台后，于 1978 年去世。

　　迁入珞珈山新校址初期，武大女生与男生同住狮子山的学生寄宿舍（今称老斋舍）。因为武大声誉日起，以及社会风气日渐开放，女生人数逐年增加，遂于狮子山东侧一小山（时名团山，又名扁担山）上另建女生宿舍，于民国二十一年（1932 年）十月完工。因有了专门的较大规模的女生宿舍，武大特制定管理规则：《女生宿舍规则》。

据记载，民国十八年（1929 年，其时校址仍在东厂口），在校生中，本科女生不足 1%，预科女生不到 6.4%。珞珈山时期武大历年的在校生及女生人数为：1930 年在校学生 523人，其中男生 500 人，女生 23 人。1931 年在校学生 574 人，其中男生 542 人，女生 32 人。从毕业后就业情况看，女生从事中学教育者为多。

从 1932 年起，武大体育部在主任之下，设男指导员若干人，并特设女指导员一人，"又为提倡女生体育起见另设有女生体育会及女生体育助教处理关于女生体育事项"，"本校男女生自入校至毕业，均须受普通体育之训练，除课外运动外，每周须上正课二小时，其教材以富于天然活动及含教育意味的球类游戏为主，以田径赛器械操为辅"，"国技与普通体育二者，由学生任选一种学习之，计分男生二组，女生一组，每周上课三小时"——这里的"国技"指武术。另外，男生需接受军事训练二年，女生则不需。但那时的武大女生参加体育活动仍不积极，可能是习惯和社会风气使然。1932 年武大修建的东湖游泳池启用，一年后，仍无女生下水。1933 年夏，体育部主任袁俊主动找到正就读武大物理系的女生周如松，提出教她和其他六七位女生学习游泳。

周如松先生回忆说：她们清早五点钟就起床，趁男生还在酣睡时，就赶到湖边，换上泳衣（当时的女式泳衣外面的汗背心长及大腿，内连短裤）学习游泳。不多久，几位女生就学会了游泳，并喜欢上了这项运动。后来袁俊还发动女生组织校排球队（当时的排球比赛是每队 9 人上阵，与当时武汉的另两所大学：华中大学、中华大学的女子排球队举办联赛，武大女子排球队获得冠军。1934 年周如松毕业，先留校任理学院物理系助教，后赴英国留学，1944 年回国任复旦大学教授。其父周鲠生，在抗战胜利、武大复员回珞珈山后，出任武大校长，至解放初。周如松先生也自 1946 年起受聘为母校武汉大学理学院物理系教师，一直任教到 20 世纪 80 年代退休。周如松先生至今仍健在，可谓武大校史不可多得的见证人。

抗战爆发，武大西迁乐山（当时名嘉定），女生宿舍设在城中白塔街，原敬德女中一座白色四层小洋楼，因别名"白宫"。（以后复员回武昌，团山女生宿舍也被沿袭称为"白宫"。）每天下午三至四点日影西斜时，是规定的女舍会客时间。"白宫"门房（一位川籍校工师傅）中气十足地不停高喊："某某先生，有客会！"声震屋瓦，令来访者与被访者皆忐忑。当时校长为王星拱（字抚五），刚直严肃。一日，校长乘一辆黑色人力车到来，见女生"会客"者不少，凛然教训男生道：知否目前国家处境？大敌当前，身为大学生，而不知发扬韬励，将来何以为人何以领导社会？"又对女生说："你们为何不闭门读书？自修自省？今日中国社会上，能够受到大学教育的女子不多，你们是少数中的幸运者。岂不闻：'尺璧非宝，寸阴是金'？岂可随波逐流，虚掷光阴？"

武大的学生来源以湘、鄂、赣、徽、苏、川、粤等省籍为多，这几省在当时中国是文教发达、人才济济之地。可以说，能考入武大的学生，绝非等闲、庸常之辈。武大女生则更是女子中的佼佼者。武大女生毕业后，不乏在社会上建树卓著的人，如法律系毕业的女生钟期荣，1920 年生于长沙，抗战争时期读乐山的武汉大学法律系，获全国高等考试中的司法官考试第一名。

　　王世杰校长在其日记中，记于民国34年（1945）11月12日参加钟期荣婚礼并做证婚人："今日午后为武汉大学法律系毕业之女生钟期荣证婚。此一女生应法官考试获第一名，出校后一年即充壁山地方实验法院推事，每日以一人判数案，殆为中国司法官人事中极值注意之一人才。"钟期荣与胡鸿烈大律师结婚后，时逢抗战结束，一同赴巴黎大学留学。

　　1955年，钟期荣一家回到香港并长期定居，先生任教于联合大学（后并于香港大学）、浸会、珠海、崇基等院校。1971年辞去公职，与丈夫合办树仁学院，她出任校长，丈夫任校监。以七间教室、一间办公室开始了他们"以愚公移山的精神，负起复兴中华文化之重任，来推行仁者教育，己立立人，己达达人，培养出仁人君子"的宏伟事业。

　　王世杰、王星拱、周鲠生等著名学者担任校长，三四十年代延纳一大批著名教授来校任教，学校课程设置先进，师资雄厚，校风严谨，考试严格，加之校园依山傍湖，环境优美，建筑宏伟，使三四十年代的武汉大学成为中国极负盛名的一所大学，是武大最为辉煌的时期。这一时期武大培养的女大学生，是中国女性的佼佼者，且大部分成为社会的有用之才。

　　（原载《武汉大学报》，2004年12月17日，原文题为《老武大的女生》，本书有删改）

八年炼狱　晨钟暮鼓

谢绍正　郑昱

乐山毕竟是座小城，武大师生潮涌而至，虽然当地老百姓竭力相助，将闲置的厂房和庙宇都交给武大使用，但无奈空缺太大，因而学生只能挤在鸽子笼似的寝室里艰难度日。

当时除了六宿舍是武大自己兴建的以外，其它都是乐山原有的房子。杨端六、邵逸周两先生多方奔忙求助，也只能把房子草草修葺。武大校舍遍布整个乐山城，其中理工学院还远至城外。教师住房自行解决。当时整个乐山，城里城外，山上山下，到处都有教师的居所。有的甚至远至岷江对岸的任家坝，每天都要乘船来校上课。

西迁初期，由于乐山地处川西，受战乱影响较小。丰裕的薪金、安定的环境和完备的教学科研设备吸引了许多名学者前来执教。但随着战事的深入，乐山渐渐无法"绝世而独立"了。教授们的薪金渐渐减少，加之物价飞涨，货币一贬再贬，教授们日渐窘迫，"普遍地泛在脸上的红润没有了，代替那种美丽的颜色的是一种苍白。"（《一个大学校长》）中文系"五老八中"之首刘永济教授也被迫在一家裱画铺里挂牌代客写字。他在一首《浣溪沙》里描述了当时的凄凉窘迫：

煮字难充众口饥，牵萝何补破残衣，接天兵祲欲无辞。一自权衡资大盗，坐收赢利有侩儿，一家欢笑万家啼。

著名文学家、翻译家钱歌川在《巴山随笔》叙述说：月薪不够买一斗米，非举债无以为生；因为无力支付学费，教书匠儿女也不得不辍学。

许多乐山时期的学生仍然记得，在城外有一间茅屋，屋里除了几件简单的家具别无长物，屋前是一小片菜地，门口常停着一辆黄包车。这就是王星拱校长的居所。一袭布衣，一双破鞋，王校长的穿着十分简朴。乐山老校友黄模回忆说："那时王校长穿的裤子的裤管烂了，出须须了，他还是继续穿。"作为国民政府部级官员，王星拱校长也不得不让儿子王焕昕（现为安徽大学退休教授）到工厂做工，他的女儿虽然能在大学读书，但也要到一家私立小学兼课，自己养活自己。校长如此，教授更是如此。为节省雇请工人的开支，许多教授不得不亲自操劳家庭细务。年老体迈的土木系教授丁人鲲也要自己劈柴，学生们看到了无不潸然。连家境较好的杨端六教授（夫人袁昌英为外文系教授）也不得不自己提着菜篮上街买菜。

迫于生计，许多教授不得不另谋兼职。武大附中成立后，许多名教授如刘博平、黄焯、张远达、周大璞前来兼课，以接济生活。有些更是远至其它中学兼课，吴熙载教授在《兼课记》中回忆："解放前我在武大工作的八年中，差不多有七年的时间，都过着在中学兼课的生活。每个星期都必须来回奔走于乐山县城和牟子场之间。一到县中，便连珠炮似的上课，二十节课连续在三天全部讲完，晚上是备课和看学生作业的时间。三天之后，又仆仆风尘赶回武大准备试验、写讲义和上堂讲课。"

家属也不得安逸，会做汤圆的卖汤圆，会包饺子的卖饺子。有教授半夜在家里自制糖球，白天叫小儿到街上叫卖。还有一位教授，家中实在没有值钱的东西可以变卖了，就将破布鞋、自家种的白菜也摆在家门口叫卖。

在小城街头，忽然有一天师生们看到一位白种妇人在卖油炸面圈圈。当时乐山外国人不过几人，外国人卖油炸面圈圈更是闻所未闻。这个妇人就是黄炎培之子黄方刚教授的外籍夫人。黄方刚因贫病交加逝世后，其夫人无以为生，只好做油炸面圈圈出售以谋生计，学生们看到无不心酸。钱歌川称这种油炸面圈圈为"救命圈"。

连年战乱，百业凋零，唯独寄卖一行反而生意兴隆。入不敷出，谋生无路，师生只得变卖旧物，大至赖以保暖的衣物，小至读书人视为生命的书籍，能卖即卖。有人就曾见过王星拱也出售自家的花瓶和毛毯以接济生活。校长尚是如此，其他教师和学生自不待言。因而一时间寄卖行业生意兴旺。教师尚且如此，学生自然不在话下，尤其是来自战区的学生，食不果腹，衣不遮体，终年靠贷金度日。伙食十分粗糙，早餐只有半碟咸菜，校友回忆说："若是有些许花生米，那就是最大的享受了。""八宝饭"对于那时的学生来说可能是最熟悉不过了，饭里面满是沙子、稗子、老鼠屎等"佐料"，故被学生黑色幽默为"八宝饭"。午晚两餐是八人共一钵有盐无味的老青菜，但有同学却连这些老菜也消费不起，终年以豆腐乳度日。有的学生甚至连袜子也穿不起，光着脚穿鞋。冬天鞋子冰冷如铁，无奈之下唯有用报纸垫鞋底，聊以保暖。

虽然生活十分艰辛，但师生们始终恪守职责，自强不息，体现了崇高的敬业精神和伟大的人格魅力。历史系吴其昌教授系梁启超和王国维两位大师的高足，一身学问，深受学生欢迎。但是身患严重肺病，却无钱医治。迫于无奈，他不顾被嗤之为丢格，以堂堂大学教授身份参加嘉峨师管区主办的"中国之命运读书心得"征文比赛，以求薄酬。此中委屈，令人心酸。若在文学院听到一阵阵嘶哑的咳嗽声，大半是吴其昌在给学生上课。虽然贫病交加，他仍始终坚持工作，朋友们劝他注意身体，他却一如既往，被逼急了他就说："战士应该死在沙场，教授应该死在讲堂。"他还说："我勤奋工作，一天顶两天用，活四十岁等于人家活八十岁。"课堂上他咳嗽咳出血来，学生实在不忍，纷纷请他回去休息，但他说"没关系，过会儿就好"，就继续上课。法学系教授孙芳更是凄苦。"八·一九"日机轰炸乐山时，他的家人全部遇难。此后他变得沉郁多病，加之收入微薄，生活潦倒困苦。有学生曾见他中午下课之后不回家，随便买一些青菜，径直到开水房烫一烫就吃，聊以充饥。他不顾劳苦在外兼职律师，所获薪金却全然用来出版其呕心之作《民法概论》。由于长期贫病交集，在复员时孙芳教授客死异乡，最终未能返回珞珈山，而成为了最后一位住进"第八宿舍"（即武大公墓）的人。

　　迫于生计，学生大多在外兼有差事，在老校友中流传着一个感人故事。有一对恋人，在武大求学时双方生活均是十分拮据，第一年一方休学赚钱供另一方读书，第二年则"换班"，就这样二人相濡以沫，终于在八年之后双双毕业。求学之艰辛，由此可见一斑。西南师范大学孙法理校友那时在城外小学兼课，由于路程远，每次不得不在下课前十分钟"开溜"，这让任课老师高尚荫察觉了。一次课后遇见时，高老师问他："是不是在外面兼课？"言语间满怀关切，毫无责备之意。孙法理说："当时老师对学生是充满同情和信任的。"困苦让学生难以专心学习，但却磨炼他们的意志，砥砺他们的品行。虽然在外兼职，但学生仍是把学习放在第一位。老校友们回忆当年的求学生活，无不对那时浓郁的学习氛围称道。几百人的宿舍，除晚饭时间外，平时都很安静，"连上楼梯都是轻手轻脚"。留在宿舍的同学们都认真学习，由于宿舍狭窄，无法安置桌椅，学生就将被子叠起来放书。家境较好的买张竹桌放在床上，也足以让同学艳羡不已。由于自习教室很少，大多数学生都跑到茶馆学习。一碗茶，几本书，一坐就是一整天。有些学生为求安静，甚至渡江登山，到大渡河对面的大佛寺和乌尤寺学习，与和尚一起晨钟暮鼓。

因为有了太多的责任和抱负，学生们都十分自爱，赵师梅考试时把题目抄在黑板上，然后挥笔写上"Honour system"就头也不回地离开。没有人监考，学生们一样遵守考场纪律。

一次，吴其昌出了一道很难的考试题，学生中无人能答，全都情愿交白卷也不愿作弊。结果那次考试全都 0 分，全部要重修。在当时那严格的淘汰制度下，学生们仍能坚持原则，不可不谓教育之成功。难怪许多老校友们说武大给予他们的，首先是德，其次才是知识。

（原载《武汉大学报》，2005 年 7 月 8 日）

缅怀我们的李达老校长

陶德麟

李达同志是中国传播马克思主义的先驱，是我们党的创始人和早期领导人之一，是杰出的革命家、理论家和教育家，也是中国现代史上的重要人物。在 1990 年李达同志百年诞辰纪念会上，中共中央党史研究领导小组副组长胡乔木同志作了题为《深切地悼念伟大的马克思主义理论家李达同志》的讲话，对李达同志的功绩作了准确的评价。作为他晚年的学生和助手，我在这里只谈几点个人感受。

李达同志自 1918 年开始，对马克思主义著作的翻译介绍的杰出贡献是众所周知的。用侯外庐同志的话说，是"无一人出李达之右"。但他并不是仅从书本上研究马克思主义的学者，而是学者型的战士和战士型的学者。他最可贵的贡献是在马克思主义中国化方面。他在建党前后的大论战中发表的那些影响巨大的论文无一不是密切联系中国实际的。他 1926 年发表的《现代社会学》，是联系中国实际阐发唯物史观的第一部专著，再版 14 次之多，革命者几乎"人手一册"。大革命失败后他在白色恐怖中写的《中国产业革命概观》、《社会之基础知识》、《民族问题》等著作，用马克思主义的方法对中国革命的性质、任务、动力、前途等作了非常正确的论断，给苦闷中的革命青年极大的鼓舞。他在 1935 年写的《社会学大纲》，毛泽东同志作了极高的评价，认为是"中国人自己写的第一本马克思主义哲学教科书"，写信称他为"真正的人"。他在同一时期写的《经济学大纲》绪论中尖锐地批评"从来的经济学专门研究外国经济，却把中国经济忽略了，我认为这是一个严重的错误，是极大的缺点"。他对毛泽东非常敬佩，把研究和宣传毛泽东思想作为己任，认为毛泽东思想是中国化的马克思主义。

李达同志也是杰出的马克思主义教育家。他一生都在办教育。建党初期他创办了"平民女学"，培养了丁玲、王一知等一批女革命家。1923 年他创办"自修大学"，夏明翰、萧劲光、吕振羽等同志都是他的学生。以后他在上海、北京等地大学讲坛上坚持宣传马克思主义，又培养了大批革命战士。后来成了重要领导干部的段君毅、任仲夷、陈沂、黄逸峰、陶白、陈星野等许多同志都是在他的直接影响下接受马克思主义，投身革命的。他们对李达老师一直充满了崇敬和感激之情。

李达同志是武汉大学历史上任期最长的校长。他任职十三年半，付出了大量精力，直到献出了生命。他有自己的办学理念，绝不随波逐流。我个人的体会，主要有这样几条：一是以马克思主义为指导，坚持百家争鸣。二是按教育规律和科学规律办事，决不搞违背规律的新花样。三是尊重知识，尊重人才，确保大家安心治学，不断提高学术水平和教育质量。四是加强团结，反对内耗。他对当时"教育革命"中的"拔白旗"、批教师、师生"打擂台"等错误的做法坚决抵制，向省委和高教部负责同志提出尖锐意见，向毛主席当面陈述自己的看法。抵制不了就提出辞职。当时的大环境使他的正确主张不可能完全实现，"文革"时期反而成了他的"罪状"。不过他的正确主张毕竟发生了作用，武大在那段时间里尽管一波三折，总体上还是有很大发展。

重建武大哲学系是李达老校长的一大功绩。1952 年全国高校院系调整，有三十年历史的武大哲学系没有了。1953 年 2 月李达校长到校后，认为这是一大错误。那时我还是学生，在校报兼做编辑，组织上派我帮老校长整理哲学讲稿。有一次他正在感冒发烧时叫我到他家谈了三个小时，除了讲到许多为人治学的道理，要我跟着他从事马克思主义哲学研究之外，就是强调武大必须重建哲学系。他激动地说，没有哲学头脑的人别的学问也做不好；马克思主义哲学是正确的世界观和方法论，应当是首席科学；像武大这样的著名大学没有哲学系简直是荒唐。他的话震撼了我，至今还在耳边回响。从那时起他就准备重建哲学系了。没有教师怎么办？他采取了几条措施：一是在校内物色人才，由他亲自培养；二是选送青年教师到人大、北大进修；三是亲自到人大、北大和其他学校去登门拜访教师，动员他们来武大任教。经过几年的努力，1956 年武大哲学系重建起来了，他亲自兼任系主任。那时哲学系只有他一位教授，副教授也只有两位，讲师也只有两三位，其他全是二十几岁的助教。老校长对这支队伍充分信任，认为只要方向正确，团结奋斗，哲学系一定能办出特色。他的办系方针非常明确：第一是坚持马克思主义的指导。他提出"一体两翼"的思想，以马克思主义哲学为"体"，以中外哲学史为"翼"，带动其他学科全面发展。第二是排除干扰，不遗余力地提高学术水平和教学质量，鼓励大家以"登山"精神做学问。第三是重视人才，放手让青年教师挑重担，同时关心他们的生活和身体，保护那些受到不公正待遇的老师。他不顾当时所谓反对走"白专道路"的"潮流"，鼓励教师成为名教授。第四是提倡学术争鸣。他以身作则,从不以权威自居,青年教师和学生都可以同他当面争论。第五是强调要自己编出适合学生需要的高水平教材。1961 年毛主席要他主编马克思主义哲学教科书,他为此建立了毛泽东思想研究室,带领我们全力编写。他要我一边写稿,一边讲课,听取学生的反映,反复修改书稿,他为此带病整整劳累了四年。在他的带领下,哲学系各学科都高度重视教学与科研结合,编出了自己的讲义。就这样经过十年奋斗,教师队伍迅速成长,学科逐渐齐全,武大哲学系在全国声誉卓著。令人痛心的是,"文革"到来,老校长被诬陷为"武大三家村黑帮"的"总头目"而含冤去世,哲学系和毛泽东思想研究室被打成"李达反毛泽东思想的黑窝",12 位骨干教师被打成"李达黑帮分子",还有二十几位骨干教师也被打成各种"分子",哲学系受到惨重的摧残,实际上停办了十年。

但是,浩劫之后,李达老校长的精神还在,他培养的人才还在,他倡导的学风还在,武大哲学系立即恢复了生机。这三十年薪火相传,一代一代新人茁壮成长,建立了哲学学院,更加发展壮大了。历史证明,没有五十年前李达老校长的决策和擘画,不可能有今天的武大哲学学院。展望未来,追思既往,我们不能不深深缅怀为重建武大哲学系而筚路蓝缕惨淡经营直到以身殉道的李达老校长。(作者系人文社科资深教授,曾任武汉大学校长)

(原载《武汉大学报》,2006 年 11 月 10 日)

刘道玉这七年

梅 雪

1981 年，火热的盛夏，刘道玉被国务院任命为武汉大学校长。媒体特别强调，年仅 48 岁的刘道玉是中国大学中最年轻的校长，也是新中国自己培养的第一个重点大学校长。他执掌武大校政七年，被誉为"武汉大学的蔡元培"，开创了武大继 20 世纪三四十年代之后的第二个黄金时代。

当时中国最年轻的大学校长

刘道玉十分热爱这所学校，也很珍惜来之不易的学习机会。他曾在诗中写道："金秋时节进珞珈，许把青春铸才华。校园处处留足迹，文章篇篇汗水洒。"

但刘道玉无论如何也不会想到 28 年后自己会成为武汉大学的第 15 任校长。武大前 14 任校长，不是学术界贤达就是政界名流。而刘道玉显然太年轻了、资历太浅了。他对妻子说："我这个人，才华平平，成果淡淡。像我这样的人，别说全国，就是在武大，找出个百儿八十也没问题。可是，现在我被套上辕了，共产党员不兴向党辞职，那就只好咬着牙往前走了。"

但刘道玉也清楚自己的优势："我这个人不能说一点优势也没有。譬如，我是农民的儿子，能吃苦，像牛一样能熬。又譬如，我本不想做官，也就不怕丢官，那么，就不会为'保官'而前怕狼后怕虎了，也就可以无所顾忌地发挥自己的创造力了。有人不是常说我'说话不留余地，办事不留后路'吗？这既是缺点，也是个优点。还有一点，我这个人最喜欢一个字，那就是'变'。有这个字，就有了创新的最大驱动力。"

大胆起用人才

刘道玉接手领导武汉大学工作时，由于十年内乱的影响，武大的学术和科研水平大大降低。在 1980 年全校科研工作会上，刘道玉语气显得有些激动："武汉大学有着辉煌的历史，是全国五所最有名的大学之一。可是由于'文革'的破坏，学术水平和科研水平已降至低点。已故武大创始人及任教者——黄侃、李四光、闻一多、李达、曾昭抡、郁达夫、周鲠生等如果九天有灵，会对我们说些什么呢？"刘道玉语重心长地说："知耻而后勇！要像越王勾践复兴越国一样复兴武大啊！"

武汉大学藏龙卧虎，有许多非常著名的专家学者，如病毒学家高尚荫、数学家李国平、光电化学家查全性、历史学家唐长孺、吴于廑、哲学家江天骥、训诂学家黄焯、法学家韩德培，等等，都是泰斗级的人物，要提高武大学术水平首先要发挥他们的作用。为此，刘道玉一一登门拜访。老教授们反映，尽管刘道玉当了校长，但他还是像刚进校那样，像学生一样尊敬他的老师。

刘道玉还大胆起用新人作为学术带头人。他不怕蜚短流长，破格启用七〇届毕业生、留日归来的何克清讲师当软件工程所副所长。七〇届毕业生在高校常被人贬为"红卫兵大学生"，是"遗憾的一代"。可是，刘道玉却绝无遗憾地重用了这一代的精英人物。空间物理系的保宗悌也是其中之一。他中年有为，但是海外关系很多，政治上长期受到怀疑。刘道玉不怕冒风险，坚决送他到美国名牌大学斯坦福大学深造。他在那里出了成果，为国赢得了荣誉，并带了实验仪器回来了。到1984 年他已是学术带头人、研究室主任、教授。

"中国高教改革的试验区"

一位出国留学生给刘道玉来信，告诉他，国内的高才生到国外，一旦进入科研领域就显得能力不足，特别是创造力要明显逊于欧美学生。这引起他的深思。他有意识地进行了深入调查研究，这种调查也是"刘道玉式"的：

——刘道玉每天步行上班，从家里到办公室只有十几分钟的路程。奇怪的现象出现了：他常常要走半个小时到一个小时。怎么回事？拦截者太多！不是拦路劫财，而是"劫"信息，刘道玉呢，也乐此不疲，这不也是趁机"劫"人家信息的好时机吗？

——晚上或假日，他家门庭若市。于是，他的卧室兼书房也就兼起客厅来了。放不了几张大椅子，就特意放几张小凳子，以免来访者无座位。从吃饭时开始，川流不息，像百货公司门市部。校宣传部长汇报工作，问前来开门的刘夫人："我今晚是第几批？"答曰："第十六批！"宣传部长"啊"一声告退了。他不忍心对这位说话底气不足、形容憔悴的校长再进行一次"车轮战"。夜深了，校园里已没有了白天的喧嚣，刘道玉正好阅读各国的教育专著，研读心理学、人才学、未来学等。他思忖着："如何通过改革，提升学校的地位？"

《文汇报》1984 年 7 月 15 日头版发表专讯：武汉大学学生连年涌现尖子，"据统计，该校 77 级至 80 级的四届本科生，在全国近 50 种刊物上发表论文、作品共 1570 篇，出版书籍 14 本，有 28 名学生提前毕业，879 名学生考取研究生，其中有 130 多名学生考取出国研究生。"

一位在武大采访的《中国青年报》年轻女记者激动地说："我跑过全国许多名牌大学，很少见到像武大学生那样富有创造性气质的……"

当然，不是一个学分制就能取得这些成果的。武大首创的导师制，把经验丰富、学术水平较高、具有讲师以上职称的教师作为课余导师，每个导师指导若干名学生，发挥教书和育人的双重功能，从而极大地改善了我国单一功能的政治辅导员制度，促进了学生的冒尖。

突破禁区率先实行插班生制

由于高考制度不完善，一些有特殊才能和特长的学生往往学非所长，学非所爱，妨碍了人才成长，为此，武大实行了主辅修制，鼓励学生在取得本专业学位的同时，修第二专业；尊重学生志愿，打破一考定终身的常规，允许确有特长又适应本专业学习的学生转系转专业。

那时，刘道玉收到许多校外有创造性素质的青年们的来信。他们当中有的是自学成材，有的是电大、业大学生，有的是外校想转专业的学生，因为条件限制，他们不能如愿以偿地进入自己理想的大学。刘道玉根据他的创造型人才观，设计了插班生制度。凡是自学到大学二年级水平的社会在职人员，电大、业大及外校学生愿来武大插班者，通过灵活的考核，可以前来武大插班。通过这个制度，一批非重点大学中出类拔萃的学生以及社会上自学成材并有突出建树的青年，获得了到武汉大学深造的机会。

刘道玉的高教改革取得了巨大的成功。一时间舆论纷纷称：武汉大学是高校中的深圳。

（原载《人物》杂志，2003 年第 9 期，原文题为《刘道玉与执掌校政七年的武汉大学》，本书有删改）

珍贵文献"回家"记

程盼盼　李若冰

11 月 15 日，一位年近八旬的美国工程院院士从大洋彼岸亲抵珞珈山，将珍藏了 70 多年的 150 余幅武汉大学早期建筑群结构图纸和数张建筑群竣工前夕的全景照片，亲手交给校长刘经南院士。

随着图纸的轻轻展开，一段历史呈现在我们面前；两代美国专家的中国情结与武大情缘，也生动地展现在人们面前……

一段情缘跨越世纪

这位年近八旬的美国院士，正是我校寻觅已久的早期建筑结构工程师亚拉伯汗·莱文斯比尔的儿子奥特夫·莱文斯比尔教授。

1982 年的一天，家住美国俄勒冈州的莱文斯比尔意外地收到堂叔寄来的一个大包裹，打开包裹，他惊呆了：包裹里装的是 150 多幅武汉大学早期建筑图纸。

时间倒回到 80 多年前……

19 世纪初，父亲因不愿参加战争，被英国政府驱逐，几经辗转，偕妻子与堂兄一起来到中国。这时，国民政府大学院在原国立武昌中山大学的基础上组建国立武汉大学，随后在武昌珞珈山建设新校舍。当时的南京国民政府大学院（教育部）院长蔡元培任命著名科学家李四光为武汉大学建筑设备委员会委员长，而能力卓著的亚拉伯汗，同美国著名的建筑设计师凯尔斯（Kales）和萨克斯先生（Sachse）一同受聘，主持设计国立武汉大学。

从 1930 年 3 月动工，到 1936 年全部竣工，这座占地面积 200 多公顷、早期建筑面积 7 万多平方米、工程造价 400 多万元的建筑群，成为中国高校建筑史上从未有过的浩大工程。主要建筑包括文、法、理、工、农学院大楼，图书馆、体育馆、学生宿舍、学生饭厅、俱乐部、华中水工试验所、一区十八栋教授住宅以及街道口牌楼、"六一"惨案纪念亭、半山庐等。

珞珈山，从此不再寂寞。

世事难料。由于种种原因，父亲与母亲分道扬镳，小莱文斯比尔回到美国。战乱中，父亲被日军关押长达 8 年。1946 年，重获自由的父亲和堂叔一起离开了中国，莱文斯比尔家与武汉大学的缘分，似乎画上了句号。

早期建筑见证历史

正如果戈理所说："建筑同时还是世界年鉴，当歌曲和传说都已经缄默时，只有它还有话说。"也许连亚拉伯汗自己也不曾想到，这座出自于他们之手的美丽校园，在中国大学建筑史、近代建筑史乃至中国革命史上都涂上了浓墨重彩的一笔。

武汉大学早期建筑群，构思精巧，群而不乱，典雅凝重，银墙琉瓦掩映于苍翠林木和万花丛中，远看似仙山琼阁，近看如楼台宫殿，可谓中国近代大学校园建筑的佳作和典范，其

"中西合璧"的设计方法和艺术价值令人惊叹。同时，无论从校园选址到规划布局，还是从建筑装饰到建筑技术，早期建筑都具有十分珍贵的科学价值。

"珞珈山高，东湖水长；山高水长，流风甚美。"早期建筑见证了一个学校乃至一个国家近一个世纪的兴衰荣辱、悲欢离合。

图纸传递深情厚谊

武汉大学历经百年风雨之时，世界的另一端，一个邮寄的包裹让莱文斯比尔偶然得知父亲与武汉大学的渊源。

巧合的是，1983 年，莱文斯比尔曾应邀来武大讲学，并受聘为我校客座教授。只是那时，他并不了解父亲与武大的渊源，也不知道父亲保存着这些珍贵的资料。直到 1984 年父亲在澳大利亚逝世，叔叔将这些图纸和照片作为遗物寄回美国时，一段尘封的历史才就此展开，一段中止的缘分再度传递。

自此，莱文斯比尔开始寻找机会将图纸归还武大。与此同时，学校也四处打听当年几位美国建筑师的下落。由于年代久远，找寻工作进展得并不顺利。直到 1995 年，一场意外的邂逅让事情有了转机。

这一年，莱文斯比尔偶遇当时留学美国的武汉工程大学校长吴元欣，交谈中得知吴来自武汉，十分高兴，告诉他手中有武大的旧图纸和照片。吴元欣回国后，将这一激动人心的好消息带给武大。经过多方努力，学校终于在今年 6 月与教授取得联系。

据介绍，我校档案馆现收藏有 300 多幅设计图纸，但由于战乱、搬迁、保存不当等原因，部分图纸破损、脆化，甚至有少数遗失。这次捐赠的图纸，将使馆藏更加丰富。副校长黄进说："这些图纸，不仅是学校历史的见证，也是日后修缮工作的重要依据。"

　　而刘经南校长更是深情地道出：这些图纸不仅是一份珍贵的历史文献，更是中美两国人民友谊的象征。

　　　　　　　　　（原载《武汉大学报》，2005 年 11 月 25 日）

弦歌不辍

文脉延绵，翰墨盈香，
一所大学，传递着不息的文化火种。

他们永远活在我的心中

张培刚

我初中毕业后，适年 15 岁半，就决定以同等学力报考文预科插班生。新创办的武大，富有朝气，校风纯朴，各系大都有真才实学的教师主教，在国内名列前茅。我读法学院经济系，师资优秀，阵容很强。

高瞻远瞩教学得法的英文课老师

英文这门课，我在读文预科一年级时，是张恕生老师讲授；张老师体形魁梧特胖（可能是高血压，后来不幸早逝），发音清正，教课得法，对作文要求严格，是一位好老师；只因要求过严，且批评学生时语中常带讽刺，有些学生不喜欢他。在文预科二年级时，英文课老师是文华大学（后来改名为华中大学）骆思贤先生。骆老师长年在教会大学里工作，英语讲得流利，教课简明清楚。到大学本科时，经济系的基础英语课老师是哲学系胡稼胎教授。胡老师讲英语是一口"伦敦标准音"，引起学生们的浓厚兴趣，也大开眼界（实际是"耳界"）。我们都很顽皮，比如"Which"一词，按"韦氏音标"读法，我们故意译为"晦气"，而现在按伦敦口音（或

"国际音标"）读法，又故意译为"围棋"，这里"h"是不发音的。胡老师讲课严肃认真，不但注重作文，而且非常注重英文的修辞学。

英文课的张、骆、胡三位老师，教课认真负责，讲授得法，对学生要求严格，一丝不苟。使我当时受益匪浅，终生难忘。回忆起来，上面几位老师讲授英语，有以下三个特点：第一，大量阅读著名作家的短篇小说、短篇文章或传记文学选读，如莫泊桑的"项链"、莎士比亚的"威尼斯商人"、弗兰克林的"自传"选读等。第二，反复讲清"语法"中的疑难部分，特别是时态和前置词的各种用法。第三，强调作文和修辞。记得从大学预科到本科一年级的三年内，所上的英文课，几乎都是每两周（至多三周）要写一篇作文。当时同学们被逼得真有点儿"敢怒不敢言"。但后来同学们都认识到这些做法是正确的。

大约10年后，1940年暑期，我在昆明参加清华庚款留美公费考试，英文这重头课，一个上午就只考一篇作文。这时，我内心更加钦佩这几位大学英语老师高瞻远瞩，教学得法了。在大学本科上"基础英语"课时，我读到英国大哲学家弗朗西斯·培根的一篇有名文章，其中有两句我特意译成押韵的中文："多读使人广博，多写使人准确。"自后我也一直把这两句话作为我的"求学座右铭"。

我终生引为典范的国文课老师

文预科的国文课，主要是鲁济恒老师讲授的。鲁老师当时是湖北省有名的国文老师，我在读省一中时就已闻其名。鲁老师为人和蔼慈祥，两眼虽高度近视，但讲课声音洪亮，神情激昂，诲人不倦。教材以古文为主，亦有白话文章。作文每月一次到两次不等。记得1929年春季入学后不久，第一次作文课题是"论文学之创作与模仿"。当时我认为这是一个很大又很重要的题目，一下写了三、四千字。文中谈到胡适之先生的"八不主义"，其中的几条我很赞成，但有一条"不模仿古人"，则表示不完全赞成。我写道："今人有好的，我们固然应该学习和模仿；但古人有好的，我们也应该学习和模仿。""不能因古而弃善，亦不能因今而扬恶。"不久，发还作业本，鲁老师在班上对我本人大加夸奖，并公开宣布给了95分，是班上最高分。待我打开作文本，只见鲁老师对上面几句文字，用红笔浓圈密点；文章末尾还有一段评语，最后两句是："文笔如锐利之刀，锋不可犯。"可见我不赞成"不模仿古人"，是完全符合鲁老师的心意的。

谈到大学时期的国文课，我还要特别提到中文系刘赜（博平）教授。博平老师早年就是我国著名的文字学家。当年武汉大学已经开始形成一个良好的校风和教学惯例，那就是"凡属本科一年级的基础课，不论是为本系学生开的，还是为外系学生开的，都必须派最强或较高水平的老师去讲授"。所以当我到了经济系本科一年级这个大系的班次时，学校特委派刘博平老师讲授国文，仍派程纶副教授讲授数学，又专派生物系台柱之一的何定杰（春桥）教授讲授生物学（当时按学校规定：文法科学生要选读一门理科课程）。博平老师虽然刚来武大不久，学生们却早已经知悉他是国学大师黄侃（季刚）先生的真传弟子，对说文解字、声韵训诂之学，造诣极深。他和后来的黄焯教授一道被学术界公认是章（太炎）黄（季刚）训诂学派的主要继承人。博平老师为人谦和，讲课认真细致，当时为讲《文心雕龙》及其它古籍书刊，旁征博引，字字推敲，引人入胜。博平师又常曰："吾推寻文字根源，每于一二字用意穷日夜，仍难得其声、义所由之故；泛览文史，辄日尽数卷，宁用力多而畜德少耶？然吾终不以彼易此。"博平师的这种孜孜不倦、锲而不舍的求知精神，使我终生引为典范，受益良深。

知名女文学家讲法文课

法文从本科一年级学起，共学两年。一年级的法文课是陈登恪教授讲授，从字母、拼音学起，着重语法和造句。陈老师真是一位忠厚长者，穿一身长袍，却口授外国语，在一般人看来，与其说他老是一位洋文教师，还不如说他是一位八股中文先生。陈老师对学生和蔼慈祥，教课认真细致，很受学生的敬重。

二年级的法文课是当时知名女文学家，外文系教授袁昌英老师讲授。袁老师是当时武大经济系著名经济学家杨端六教授的夫人。她和当时武大中文系的苏雪林老师、凌叔华女士一起，被称为"珞珈三女杰"。袁老师讲课，精神奕奕，声音洪亮，强调作文，选读法文名篇短文和小说，要求严格，从不含糊；有时袁师还挑学生朗读课文，回答问题。学生喜欢她，但也怀有三分畏惧之意。

记得当时是1931年秋到1932年夏，学校已由武昌东厂口旧校迁往珞珈山新校址，袁师就给我们班上出了一个法文作文题："珞珈山游记"，真是非常应景。我觉得这个题目很有趣味，只是要使用的单词很多，难以拿准。我不断地查阅字典，对照法语书刊，几乎花费了一个星期的课余时间，才写完这篇短文。这时，我更体会到大哲学家培根所说的"多写使人准确"的深刻含义。

认真负责的德国老师

再谈谈德文课。在大学三年级和四年级,我自愿额外选读了第三外语德文。教德文的是一位德国老师格拉塞先生。据说他是第一次世界大战时来到东方的,自后他不愿回德国,就在中国留住下来。他娶了一位日本夫人,添了两个女儿,女儿当时只有十几岁,都在读中学。格拉塞先生教书认真负责,讲课用简单德文,很有条理。一般来说,他比较严肃,但有时也很幽默。我总记得他把一堂德语课文编成了一个简单的笑话故事:有一天,老师给学生上课,说是要记住一条规律,凡物逢热就胀大,遇冷就缩小。一个学生连忙站起来,说道:"是的,我懂得了,所以夏天天热,白天长一些;冬天天冷,白天就短一些。"全班同学听后大笑起来;格拉塞先生当时已年逾半百,也和大家一样天真地笑着。

"何胡子老师"的生物学课引人入胜

我在大学本科一年级读的一门课程,是生物学;就经济学而言,这可以说是一门基础课,但也可以说是一门专业知识课。当时按学校规定,凡读经济的学生,除数学必修外,还必须选读一门理科课程:物理学,化学,或生物学,任选一门。我选了生物学。

前面提到过,当年武汉大学有一个好传统,有关的系都是派最好的或较高水平的老师给外系的学生讲授基础课,生物系派出了知名教授何定杰(春桥)老师为一年级外系学生讲授生物学。何老师当时不过 40 岁左右，却已蓄起有名的"长髯"，自后在武大学生和同事中，就传开了颇有名气的"何胡子老师"。

何老师讲课，不但条理清楚，而且生动活泼，引人入胜。我当时对生物学这门课所讲的内容，特别是对遗传与变异，非常感兴趣。比如奥地利神父孟德尔通过对豌豆的著名实验，研究出基因（Gene）的分离规律；又如法国学者拉马克以"用进废退"学说，阐述长颈鹿的进化过程；至于英国大学者达尔文的"物竞天择、适者生存"的学说，更是令人推崇，启发深思的。

听课笔记里有很多处老师的口头禅

还要着重提到，为我们讲授外国经济史和外国经济思想史两门课程的任凯南老师。我记得任师讲课，湖南乡音极重，但条理分明，十分详尽。讲到激昂处，喜用口头禅"满山跑"，遍地开花结果遍地发展之意。任师讲英国产业革命起源，特别是讲述纺织工业的兴起过程，极为详细，比如讲"飞梭"的发明及其广泛传布应用，就在好几处用"满山跑"口头语。当时我在教室听课做笔记，为了求快以免遗漏，同时也来不及另行措辞，就直接写下很多处的"满山跑"，成为他的这门课笔记的一大特色。

周鲠生校长与"哈佛三剑客"

这里还要特别提到的是，担任过武大校长的周鲠生教授。他是一位杰出的教育家，又是一位知名度很高的国际法学专家，他为我们讲授宪法和国际法。在我的记忆中，周先生总是穿着一身西服，冬季寒冷，教室未生火炉，无热气取暖，他老一进教室，首先脱去大衣，再走上讲台，为同学们上课。同学们对他十分尊重。

抗日战争胜利后，周先生担任武大校长。周校长有孕育栋梁的博大胸怀，爱才、惜才，也善于大胆启用青年人才。我在美国哈佛大学读博士学位尚未毕业，他到美国，就预先聘我和吴于廑、韩德培三人学成后到武大任教。后来我们三人就被称为"哈佛三剑客"，分别主持经济系、历史系和法律系。后来我代理法学院院长一职，当年我和吴于廑32岁，德培兄长我们2岁。我还邀了一批国外留学生相继回国到武大任教，他们是吴纪先、李崇淮、周新民、刘绪贻、谭崇台、刘涤源、黄仲熊等。前任南开大学校长滕维藻，曾给董辅礽说过："那时的武汉大学经济系，师资最整齐，最年轻，水平超过南开。"要知道，那时的南开大学不仅设有经济系，还有经济研究所，并有美国耶鲁大学博士何廉、方显廷两位著名教授主持。他们在《大公报》上创办"经济周刊"，按期发表文章，在国内外有很大的影响。

（原载《武汉大学报》，2007年9月14日，原文题为《感恩母校　怀念师长》，本书有删改，小标题为编者所加）

《自然》《科学》与国立武汉大学

赵基明

　　Nature（《自然》1869 年创刊）和 *Science*（《科学》1880 年创刊）是国际上历史悠久、发行量大、影响面广、权威性高的综合性自然科学学术期刊，历来以发表重要科研成果而享誉世界。

　　百年武大名师荟萃，早在 20 世纪三四十年代，国立武汉大学就已成为中国开展学术研究的重镇。抗日战争前后是武汉大学办学史上最艰难但却又是一辉煌鼎盛时期。据不完全统计，当时仅以"国立武汉大学"（National Wuhan University/National Wu-Han University）为机构署名在 *Nature* 和 *Science* 发表的科研论文或成果简报最少有 8 篇之多，这些高水平科研成果为国立武汉大学与国立西南联合大学、国立浙江大学、国立中央大学并称为"四大名校"奠定了基础。

　　20 世纪 30 年代。1936 年 2 月，汤佩松、宋秉南在 *Nature* 发表论文，观测研究了混合于几种特定浓度硼酸溶液中葡萄糖的氢离子浓度指数及旋光度的变化。1936 年 10 月，汤佩松、林春猷在 *Science* 上发表论文，报道了使用氢醌电极测量硼酸溶液中不同浓度的葡萄糖的氢离子浓度指数结果。1939 年 9 月，高尚荫、公立华在 *Science* 发表论文，报道了 1939 年 1 月

14 日和 2 月 12 日在四川嘉定大渡河边同一池塘发现的两种淡水水母物种的生存环境，并对其伞径、触手数目、平衡囊数目、生殖腺形状等体形和器官特征进行了描述。将 2 月 12 日发现水母命名为"中华桃花水母"。此项研究是中国学者最早在无脊椎动物学领域的开创性研究。

四十年代。1940 年 1 月，邬保良在 *Nature* 发表论文，从精细结构常数 α 等已有关系式出发，推导出了一种计算某些原子常数的简易计算法，并得到与实验值非常近似的计算结果。1940 年 11 月，高尚荫在 *Science* 发表论文，对取自四川各地 15 类以上土壤样本共 127 个样品进行了非共生固氮菌测定，结果是 102 个样品含有固氮菌。这是对中国大面积土壤开展非共生固氮菌的首例研究报导。1941 年 3 月，高尚荫在 *Nature* 发表通信，调查研究了从四川嘉定及周边地区收集的 40 份土壤标本中的 57 种原生动物。1947 年 11 月，梁百先在 *Nature* 发表论文，通过分析研究 F2 电离层的临界频率 foF2 与地磁纬度之间的关系，发现了电离层赤道异常现象。这是中国科学家在电离层研究领域做出的第一个受到国际学术界重视的重大发现。1949 年 7 月，高尚荫、王焕葆在 *Science* 发表论文，报道了对 45 种中草药物进行金黄色葡萄球菌和大肠杆菌的抗菌活性的测试结果，结果表明有大黄、黄连等六种药物对金黄色葡萄球菌具有不同程度的抗菌活性，有百部等两种药物对大肠杆菌也显示出相对较低的抗菌活性。

无论过去还是现在，中国高校在 *Nature* 和 *Science* 发表论文屈指可数。武汉大学这些老前辈在国难当头、内忧外患的艰苦年代创出了辉煌业绩，这既是他们个人也是武汉大学学术水平的见证，代表了当时中国相关领域的最高研究水平，在国内外产生了很大影响。如高尚荫先生关于淡水水母的研究成果，在 2009 年仍有人引用。2007 年，荷兰学者、国际无脊椎动物病理学会主席 Just M. Vlak 教授还在国际期刊《无脊椎动物病理学杂志》上撰写长文，介绍高尚荫先生多方面的开创性工作。梁百先先生因几乎与英国著名科学家、诺贝尔奖获得者 E. V. Appleton 同时独立发现了电离层赤道异常现象，其成果又是先后都在 *Nature* 发表，所以后来也被有的学者将这种异常现象称之为 Appleton-Liang 异常。梁百先先生的论文近年仍有美国、俄罗斯学者多次引用。这些论文作者是武汉大学众多老前辈的杰出代表，值得后人永远怀念和称颂。

（原载《武汉大学报》，2010 年 12 月 17 日，本书有删改）

乐山孕育 12 位院士

欧阳春艳　王怀民

1938—1946 年西迁乐山，是武汉大学历史上最为艰难的时期。然而，正是在这短短的 8 年间，武大竟然培养出了 12 位后来为国家做出重大贡献的知名院士。

日前，记者翻看武大校史，看到了这张令人惊叹的名单："中国计算机之父"张效祥院士 1943 年毕业于武大电机系；我国第一代核武器最后型号的总体设计师俞大光院士 1944 年毕业于武大电机系；秦山核电站总设计师欧阳予院士 1948 年毕业于武大电机系；中国海洋物理学奠基者文圣常院士 1944 年毕业于武大机械系……

此外，旅居美国的世界级权威火箭航天专家黄孝宗，著名历史学家严耕望、知名漫画家方成等都是武大乐山时期的在校学生。

研究学校历史多年，武汉大学校友总会刘以刚教授对此深有感触："乐山时期可谓是武大乃至整个中国高等教育历史上最辉煌的一段，其中有太多经验值得我们今天借鉴。"

时任武大校长的王星拱提倡，大学之道，在于育人，育人之道，在于大师。为此，他殚精竭虑，四处奔波，广揽学者名师。

在王星拱的不懈努力下，武大逐渐集聚了一批高水平学者群，如法学院的周鲠生、杨端六、刘秉麟、陶因，文学院的叶圣陶、朱光潜、陈西滢、刘永济，理学院的高尚荫、查谦、桂质廷、李国平，工学院的邵逸周、俞忽、赵师梅、涂允成、丁燮和等，可谓人才济济，极一时之盛。

王星拱提出"学校是学术天地"，主张"学术自由"，在学校里唯才是用、兼容并包，大力鼓励学术自由、民主竞争、思想碰撞、中外交流。学校经常举办学术讲座，教授们可以尽情发挥各自的独到见解。这里既有复古传统的老学究，也有新锐激进的青年学者，他们共同成为学生学术发展的领路人。

学风严谨，淘汰严格

老校友们回忆当年求学生涯，无不称"严"。当时武大、西南联大、中央大学、浙江大学四所中国一流学府曾进行联合招生。武大入学时还要参加甄别考试，不及格者一样被拒之于大学门外。入学后，各科考试同样把关甚严，2门以下不及格尚可补考，三门则留级；若有一门主课 0 分，则给予除名。1938 年，武大招生 481 人，但四年后毕业人数只有 214 人，连一半都不足。如此之高的淘汰率，除了部分是因为贫病或参加抗日外，大多是未能过考试这一关。

严格的淘汰体制下，学生不得不勤奋学习。老校友们回忆当年的求学生活，无不为那时浓郁的学习氛围称道。由于宿舍狭小，自习教室也很少，大多学生都跑到茶馆学习，一碗茶，几本书，一坐就是一整天。有些学生为求安静，甚至渡江登山，到大渡河对面的大佛寺和乌尤寺学习。

那时武大的教学质量不仅在国内被广为称道，在国际上也享有较高的声誉。1948 年牛津大学曾致函国民政府，确认武汉大学文理学士毕业生成绩在 80 分以上者，享有牛津之高级生地位。

通才教育，课外活跃

当时的武大特别注重为学生的专业发展打下扎实基础，因此坚持推行通才教育，努力扩大学生的知识面。刘以刚教授介绍，历史专业的学生，除了专业课之外，还要学习世界地理、经济、文字学、伦理学、音韵学、法律、英语等各类课程；文科学生必须选学理科课程，理科学生必须选学文科课程，这也是学校的规定；为让学生接触多种学术观点，许多老师上课直接引用国外原版教材。

除此以外，许多老校友都认为，当时实际存在两座武汉大学，一座是课室内的武大，另一座是课室外的武大，两座武大都给他们以良好教育。岷江读书社、珞珈剧社、政谈社、文谈社、风雨谈社、海燕社、地平线社、课余谈社等这一时期成立的各种社团相当活跃，学生们在社团活动中广泛阅读经典、相互交流思想、共同进行社会实践，这成为他们日后相当宝贵的一笔财富。

厚积而薄发，从课内与课外广泛吸取的养分，为乐山的武大学子们日后的成就打下了最有力伏笔。

（原载《长江日报》，2008 年 10 月 21 日，原文题为《8 年抗战　武大乐山孕育 12 位院士》）

学 术 世 家

无为而治
（查谦父子）

谢绍正　温姬彦

　　查谦：著名物理学家。国立武汉大学物理系主任，华中工学院（华中科技大学前身）首任院长。

　　查全性：著名化学家。中科院院士。

　　1932 年，国立武汉大学成立不久，查谦就来到武大任教，组建了物理系，与王世杰、王星拱、周鲠生等人一起建设武大。

　　查谦是一位严格认真的人，十分注重师生间的友谊。当时流行一句颇具骄傲色彩的话："物理系 home-like。"

　　"他很注重实验。"查全性对父亲的教学方法评价说。查谦努力延聘人才，使物理系的师资水平大大提高。查全性回忆说："武大物理学院的许多老教授都是他请来的。"

　　1952 年院系大调整时，查谦与赵师梅等人肩负起组建华中工学院的重任。华中工学院正式成立后，查谦担任工学院的首任院长，一直做到"文化大革命"爆发。在这段时期，查谦苦心经营，"在该校创立了严谨高效的管理体制，形成了醇厚活泼的教学学风，对该校发展成一所英才辈出、蜚声中外的高等学府做出了重要贡献。"（国际无线电联合会中国委员会主席沙踪《回忆查谦教授》）

　　而查全性与父亲一样，不仅是科学家，也堪称对中国高等教育发展做出重要贡献的人。1977 年 8 月 6 日，邓小平组织召开的全国科学和教育工作座谈会已经进入第三天时，一位与会者倏地站了起来说："从今年起，就要改进招生办法，不能再忽视新生质量了。"这位倡议恢复高考的先驱者正是查全性。随后吴文俊、王大珩等科学家相继发言，会场气氛顿时活跃起来。

　　1951 年查全性毕业于武汉大学化学系。从莫斯科留学归国后，他一直在武汉大学任教。对于武大，查全性再熟悉不过了，谈到旧人旧事，如周鲠生、叶雅各，他有太多的话想说。

　　查谦对待子女向来是很宽松的，很少对他们作刻板的要求。查老说："我父亲很少管我，我也不大喜欢他管，我最后选择了化学而没有选择物理，部分原因就是不想受到他的约束。"然而父亲的"无为而治"和严谨作风，对查全性往后的人生道路产生了巨大的影响。

"傻到头"时最聪明
（李国平父子）

郑　昱　赵　欣

　　李国平：中国科学院首批学部委员（院士），著名数学家。

李工真：著名历史学教授。

在武汉的"中国光谷广场"上，巍然屹立着一位学者的铜像：他右手执笔托着下巴，整个身躯斜倚在他证明的一个数学定理上，睿智的目光遥望着远方……这就是曾任我校副校长、数学系主任的李国平院士。

"最热爱的是科学，最看重的是情谊，最同情的是弱者，最蔑视的是金钱，这就是父亲的精神，也是中国知识分子伟大的人格精神。"他的儿子，我校历史系李工真教授这样描述他的父亲。

在李工真的记忆里，德才双馨的父亲深深地影响了他们兄弟姐妹的成长。他回忆说："父亲总是穿着一套浅灰色的西装，外披一件深蓝色的灯芯绒披风，左手拿着烟斗，右臂挎着阳伞，昂首挺胸，迈着快步。他来去匆匆，行走如飞，那披风竟在身后飞扬起来，仿佛急忙赶去破案的福尔摩斯。我的小伙伴们老远见了，都会加上一句：'工真，你爸爸来了！'这时，我便会跑上前去，钻进他的披风里……"

"文革"时李国平被打成"武汉大学最大的反动学术权威"、"七国特务"。在"一生中最为艰难的日子里"，他上午挨斗，下午劳改，晚上潜心学术研究。那时李工真下放到公安县，回城后在江汉路当了8年理发师，成为"老南京理发厅"的一大招牌——"大数学家的儿子都在这儿理发！"

李国平一有机会就去汉口看儿子，鼓励他说："法国有位哲学家是个修眼镜的，萧楚女是个跑堂的却能写很美的文章，当年留学生里多少人曾在海外刷过盘子洗过碗。只要能白天理发，晚上做学问，也照样能有所作为。""你要想将来有所作为，就自己读书，三十岁以前给我把床板竖起来！"聆听了父亲的谆谆教诲，只读过初一的李工真从此走上自学之路，1978

年恢复高考后考入武大历史系，1988 年又留学德意志联邦共和国。

李国平曾告诫儿子："做学问的人要过得了三关：一是不怕受穷；二是耐得住寂寞；三是不为名利所累。因此，想钱的人，最好不要谈学问，学问往往是由一群'傻子'来做的，当他们'傻到头'时，他们就是最聪明的人，一个民族不能没有这样一群'傻子'！""历史学家最难做，没有'左丘失明'、'司马宫刑'的毅力与决心，怎么有胆量去客观评价天下之事呢？"

（原载《武汉大学报》，2007 年 2 月 27 日）

永恒的书香
（李健章父子）

朱大尉　　高佩佩

李健章：著名文学史专家。曾任武汉大学中文系主任。

李维武：著名哲学教授。

抗日战争时期的乐山，生活十分艰苦。当时学校每天只能给流亡师生提供三碗稀饭的伙食，但即使是这样，李健章还是坚持白天认真上课，晚上挑灯夜读。他在《食粥·诗五首》中写道：

御倭事方蹙，学校缺钱谷。米少难为炊，一日三餐粥。

抗战胜利后，武大回到了魂牵梦绕的珞珈山。1947 年，国民党制造了骇人听闻的"六一"惨案。目睹反动派的残暴行径，李健章义愤填膺。学校决定修建"六一"纪念亭，立碑纪念死难烈士。当时白色恐怖笼罩着珞珈山，撰写碑文意味着可能招致杀身之祸，但他还是挺身而出，愤然撰写了六一纪念碑碑文和"死难三生传"。他的儿子李维武教授回忆说："父亲的坦诚和刚直不阿深深感染了我，他'清清白白做人'的思想成了我执教多年一直铭记于心的教诲。"

历史似乎总是在变化中重演。当年李健章痛别珞珈八年，三十年后的"文革"时期，儿子李维武也被迫无奈地离开珞珈山，到天门插队。

下乡的日子一天天逼近，父亲精选了一大箱书交给李维武，说："把这些书带上，有空就看看吧。"出发那一天，李维武身上只带了三件行李：小垫被、单盖被和一箱子书。大概父子俩都没有想到，就是这箱书改变了李维武后来的人生道路。

知青的生活单调乏味，李维武白天在田里辛苦劳作，晚上就在油灯下与书相伴。一次看书时，他忽然闻到一股焦臭味，回过神来才发现自己只想着把字看清楚，渐渐地往煤油灯边上靠，直至头发被烧焦了。

李维武教授翻着当年父亲送给他的书，动情地说："我真的很感激我的父亲，是他让我有了前进的力量。"

到了20世纪80年代后期，年过古稀的李健章健康状况一日不如一日，他还是坚持学术研究。为了查阅资料，他不辞劳苦登上樱顶去老图书馆。108级的阶梯，身患腿疾的老先生抬不起脚爬上去，只好挂着拐杖沿着樱园食堂的缓坡踯躅而上。老人没走几步，就不得不停下来歇歇，到达老图书馆已经是筋疲力尽了。

薪尽灯传，如今老先生也已驾鹤西去，而昔日在田间迷惘的青年李维武，也成为他父亲为之奋斗终生的武大的一名博导。在父亲自甘淡泊、刻苦自学精神的鞭策和鼓励下，李维武在哲学领域中开辟出了一片天空。

春风化雨润莲萱
（朱裕璧父女）

杨承照　邓宇亮

朱裕璧：湖北医学院创始人、首任院长。
朱宜莲：长女，医学院教授。
朱宜萱：二女，遥感信息工程学院教授。

20世纪30年代朱裕璧在德国留学时，一位瑞典籍同学问他，湖北省有多少人，有几所医学院？他回答全省3600万人，一所医学院也没有。那位同学说3600万人没有医学院，怎么培养医护人员？人们生了病怎么办？听了这些话，他感到周身热血在沸腾，暗自发誓，回国以后一定要办一所医学院。

从此，他特别注意德国的高等医学教育模式，对院校结构、管理方法、教材安排等进行认真考察。回国后，他终于于1943年在抗战的艰难条件下建立了湖北医学院。新中国成立前夕又创建了附属医院，还希望在湖北建立更多的医学院分院和八个专区医院，以满足当时湖北省几千万人口的医疗需要。

1950年，朝鲜战争爆发，当时读高三的朱宜莲响应国家号召报名参军。军医出身的朱裕璧先生十分支持女儿的选择，并亲自送女儿到老汉口火车站，踏上北上的列车。入伍后的朱宜莲被分配去学习临床医学，走上和父亲一样的道路。

朱裕璧常常安慰病人，帮助穷苦病人，将出不起钱的病人接到家中住下来看病，从微薄的工资中抽出钱来给他们买药。

如今朱宜萱以父亲为榜样，凡是捐献之类的活动，她都会参加，主动关心和帮助有困难的人。

两个女儿小的时候，百忙中的朱裕璧经常教她们学习古诗文，例如《醉翁亭记》、《捕蛇者说》等，他从中提取做人的品质，让女儿们铭记在心，领教终身。朱宜萱记得，她读的第一首诗便是于谦的《石灰吟》：千锤百炼出深山，烈火烧来只等闲。粉身碎骨浑不怕，要留清白在人间。这也是对朱裕璧一生的最好写照。

人品与学品
（谭崇台父子）

谢绍正　许晓东

谭崇台：著名经济学家，商学院名誉院长。

谭力文：教授，商学院副院长。

许多事情似乎真的是冥冥中注定的，灵慧的人称之为"缘分"。对于武大，谭崇台、谭力文父子或许最能体会此中玄妙。当年谭崇台几经辗转，最终来到了当时流亡乐山的武大，就读于名师荟萃的经济系；毕业后留学美国哈佛大学，获得硕士学位后又几经辗转，最后还是回到了武大，并且就这么厮守了半个多世纪。

而他的儿子谭力文，是在谭崇台到武大执教不久后出生的，用谭力文的话来说就是："庆祝父亲从教 50 周年之际，也是我人生道路走过半百之时。"虽然生于斯，长于斯，但他也曾一度离开珞珈山，然后还是回到珞珈山下安心教书。

　　"文革"期间，谭崇台饱受苦难，被迫阔别经济学20年。待他能够重操旧业的时候，已经是年近花甲之人了。1980年他以访问学者的身份再次踏上美国领土时，有美国记者问他如何评价当初回国的选择，他说："……我回到祖国是想为祖国做点事情。现在看来，我也的确做了点事情。我认为，自己的选择是正确的。"

　　如果父亲的那段经历让人心痛，那么儿子谭力文"文革"时的经历就让人心酸了。1968年谭力文高中毕业，虽然身居大学校园，但读大学却不过是海市蜃楼，不久他就被下放到天门插队。在乡下的五年里，他耕田种地，整修水利，吃了不少苦。

　　历史错过了他们这一代，但他们绝不允许自己再错过历史。恢复高考后，快到而立之年的谭力文考入了大学，到华中工学院学习电力工程，随后他又回到了武大学习管理。"在这个过程中他一直都很努力。"谭崇台这样评价儿子。

　　对于儿子的成就，谭崇台说："我在专业上是没有帮他什么，我教给他的只有一句话：做人要有好的人品。几十年来，在他失落时，我鼓励他，用品质和自己的行动来引导他。"

　　他又说："我们走进武大有偶然性，专业不同。如果说有什么共同之处的话，那就是相同的思想作风，讲求立足于社会与学术的人品。"

　　（以上均原载《武汉大学报》，2004年2月27日，本书有删改）

淡泊名利，高风亮节
（桂质廷一家）

胡心如　　王　燊　　赵修诜

桂质廷：物理学家、教育家，我国地磁与电离层研究领域的奠基人之一。

许海兰：武汉大学外文系教授，湖北省侨联副主席、湖北省基督教三自爱国运动委员会副会长。

桂希恩：武汉大学中南医院感染科教授，中国艾滋病防治专家指导组成员，中国艾滋病高发区的最早发现者。

桂质廷是一位实验物理学家，他一生主要成就都与实验观测分不开。对于实验室，他很有感情，即使担任系主任、院长等职务，有繁忙的教学行政任务，仍经常进实验室工作。动手是他的乐趣，家中的书桌后面，有一块工具板，整整齐齐地排放着一套常用工具。他对自己的研究助手和学生，特别注意实验技能的培养，亲自指导新型设备的试制、安装和调整。

桂质廷出生于中国满目疮痍的时代，他的学习和工作经历，家庭和社会关系，都与海外，尤其是美国有密切的联系。在他一生中，随时随地都表露出一片爱国之心和报国之志。

在康奈尔留学期间，桂质廷结识了美籍华人许海兰。1920年，桂质廷先期回国。次年，许海兰也毅然放弃美国国籍，来到上海与桂质廷结婚。从此他们开始了互助互勉共同献身祖国科学和教育事业的生涯。

根据美国法律，许海兰和桂质廷结婚后，就算自动放弃了美国国籍，然而经过一定的程序，是可以恢复美籍的。但是，他们夫妇相互勉励，无论经受什么样的困苦与坎坷，决不动摇作为中国人的尊严。抗美援朝时期，桂质廷夫妇坚持让留在国内的女儿参军。1978年许海兰出国探亲，不顾海外四代93名亲属的挽留，以八旬高龄，毅然返国。当年武汉大学不少老师被打成"右派"，他们的子女无人照料，许海兰每月领到工资后，就来救济这些父母被划成"右派"的孩子。

许海兰长期从事英语语音研究与教学，1979年获全国三八红旗手称号，武汉大学曾做出向许海兰学习的决定。20多年后，2005年3月1日，武汉大学校党委下发了《关于向桂希恩同志学习的决定》。母与子，学校都专门发文向他们学习，成就了武汉大学的又一段佳话。

1999年7月，桂希恩到河南省上蔡县文楼村调查不明原因的传染病疫情，发现该传染病是艾滋病；2001年，他将5名艾滋病病毒感染者带到家里同吃同住；2004年，他获得贝利马丁奖。基金会创办者英国人马丁·哥顿亲自来到武汉市为他颁奖。同年6月，温家宝总理，登门看望桂希恩，感谢和赞扬其工作与贡献；2005年2月17日，桂希恩成为2004年度感动中国人物；10月底，他当选美国《时代》周刊全球医疗英雄。

（根据《武汉大学报》系列报道整理）

新中国第一位硕士

慕 远

唐翼明，湖南衡阳人，享誉海内外的书法家和魏晋文化史专家。早年求学于武汉大学中文系，与易中天为同班同学。20世纪80年代初赴美国哥伦比亚大学攻读博士，90年代任教台湾，2008年在台湾政治大学退休后，返回大陆定居。

作为中国第一批研究生，唐翼明又何以获得新中国第一个硕士学位？这里面有段故事。唐翼明回忆："那是一次空前绝后的硕论口试。"

特殊背景让他特别珍惜学习机会

唐翼明家庭背景很特殊，母亲王德蕙曾任国民党湖南省党部委员，父亲唐振楚当年是蒋介石在大陆的最后一任机要秘书，也是蒋到台后的第一任机要秘书。

初中毕业后，唐翼明从湖南来到武汉，以总分第二名的成绩考入湖北省实验中学，直到1960年毕业。那年，唐翼明参加了全国统考，成绩为湖北省第二名，然而，由于家庭成分问题，却没有被一所学校录取。直到1978年，他终于再次以第一名的成绩录取为武汉大学研究生。

　　唐翼明回忆说，进入武大以后，他像久旱逢甘霖一样每天扑进图书馆读书，"晚上都不想睡觉"。

要去美国必须申请提前毕业

　　1980 年 12 月 18 日，唐翼明拿到美国签证，签证有效期是三个月，所以他必须在 1981 年 3 月 17 日前赶到美国。当时，他一面向学校提出毕业申请，一面动手写论文。唐翼明回忆说，大约还有 60 天的时间，如果每天不少于一千字，那么一篇六万字左右的论文是可以完成的。后来果然完成了，题目是《从建安到太康——论魏晋文学的演变》。

　　学校那边则把唐翼明的申请报到教育部，因为他是"文革"后第一届研究生，全国统一学制是三年，现在要提前半年毕业，武汉大学做不了主。教育部回答说，你们必须把这个学生的全部成绩单寄过来，还要把他的论文也寄过来。审查通过了，教育部又叮嘱说：这是我们国家第一个硕士毕业生，你们必须进行严格慎重的口试，口试委员会的教授不仅要有你们武大的，还要有其他学校的，而且至少要有两名外地的。

八位校内外教授共同答辩

　　针对唐翼明一个人，组成了一个答辩委员会，一共 9 位教授，武大的 5 位，包括他的指导教授胡国瑞先生，武汉其他大学的还有两位，其中有武汉师范学院（现在的湖北大学）的张国光教授，外地大学的则有北京大学的陈贻焮教授和中国人民大学的廖仲安教授，但廖仲安教授后来因为感冒临时不能来，所以实际上只到了 8 位。

　　据唐翼明回忆，口试在 3 月 5 日举行，8 位教授都坐在大礼堂的台上，他则坐在台下的最前排，有一张专用的课桌，在讲台的左下方，成 45 度角对着台上的教授们。那一天大礼堂里全部坐满了人。邻近的学校，如华师、华工的研究生以及他们的导师们也有不少人来参加。这是全国第一次研究生口试。

论文答辩整整进行三小时

　　据唐翼明回忆，口试在 9 时开始，整整进行了三个小时，到 12 时才结束。他开始只就论文做了若干说明，阐明他的主要观点，接下去就是口试委员会的教授们发言。"大家对论文基本上都是肯定的，尤其是张国光教授和陈贻焮教授最欣赏我的论文，张国光教授的发言简直可以说是热情洋溢，称赞备至，我非常感动于一个老教授对一个青年学生的奖掖。陈贻焮教授也是一样。"

　　答辩结束以后，当时的武大副校长童懋玲第一个走到唐翼明的面前，紧紧握住他的手说："唐翼明，你今天的答辩很精彩，谢谢你为武汉大学争了光！"大家散去以后，童校长还特别邀请他和校领导以及教授们一起吃饭，"那大概是我平生至此享受到的最高待遇。"

　　唐翼明后来也参加和主持了无数次论文答辩。他说："考一个硕士，而由 9 个教授（实到 8 个）组成答辩委员会，有三百多人来旁听答辩，这简直是天方夜谭，实在可以说是空前绝后。"

（原载《长江日报》，2010 年 3 月 7 日）

小板凳上做的学问

易中天

本集所收，是我的部分"美学著作"，包括一部专著和一些论文。所谓"专著"，就是《〈文心雕龙〉美学思想论稿》，曾于 1988 年 8 月由上海文艺出版社出版。论文，则分别发表于各学术刊物。这次收入文集，都没有再作修改。

这是一些跟第一卷完全不同的文字。

如果说，文集第一卷《高高的树上》，代表了我的第一个梦——文学梦；那么，本卷和第三卷《艺术人类学》，就代表了我的第二个梦——学术梦。这个梦，始于 1978 年。这年，我以同等学力考入武汉大学读研究生，开始了读线装书的生活。而且，就在入学前不久，我的女儿也出生了。显然，我必须告别过去，重启未来。

这是我人生的第二次转折。第一次，是 1965 年高中毕业，奔赴边疆，参加生产建设兵团，从"学生娃娃"转变为"革命战士"。这次，则要由"革命文青"转变为"青年学人"。从边疆到内地，从农场到高校，从实践到理论，从创作到研究，从干活到治学，几乎一百八十度。这个弯，不好转。

幸运的是，我的运气非常好。1978 年，是"文革"后第一次招收研究生，学校上上下下极为重视。各系各专业，都派出最好的教师。中文系的古代汉语专业，是周大璞先生讲训诂，李格非先生讲音韵，夏渌先生讲文字，皆为一时之选。古典文学专业，则由胡国瑞、王启兴、吴林伯、刘禹昌、吴志达、苏者聪、毛治中诸先生组团，共同担任导师，堪称豪华阵容。更重要的是，两个专业，都要到1981年才招第二届。也就是说，这么多的"顶尖高手"，三年间就只带我们几个徒弟。现在想来，真觉得是"太奢侈"了！

第三年，写论文。我报的选题是《文心雕龙》。于是，导师组指定吴林伯先生，担任我学位论文的指导教师。先生是湖北宜都人，早年毕业于"国立师范学院"国文系，后入复性书院，师从马一浮、熊十力诸大师。由是之故，先生于群经诸子，造诣极深。对刘勰的《文心雕龙》，更是付出了毕生精力。所著《〈文心雕龙〉义疏》，共一百万字，在先生去世四年后的2002年，由武汉大学出版社出版。而这部巨著在当年，却是我们的教材。

教材是油印的。所谓"油印"，就是用铁笔和钢板，一笔一划，一个字，一个字地，刻在蜡纸上，然后用油墨印刷。这样的课本，现在是看不到了。我们上课，就用这个。课毕，先生提着饭篮，和我们一起穿过操场，到对面小山包上的教工食堂去买饭。先生一辈子吃食堂，茹素，因此我总怀疑他老人家营养不良。后来，每次回武汉，便总要请先生到宝通禅寺吃素宴。又故意多点些，打了包让先生带回，多少算是改善。

先生对生活要求很低，对学术要求很高。成为我的指导教师后，第一件事就是要我用毛笔在宣纸上，把《文心雕龙》五十篇抄一遍。然后到他家里，当面用朱笔点断。那时住房条件很差。给我的待遇，是在先生的书桌旁放一张方凳，算是小书桌，然后坐在小板凳上读书。书，主要是两本，一本是范文澜先生的，即《〈文心雕龙〉注》；一本是吴林伯先生自己的，即《〈文心雕龙〉义疏》。那时《义疏》还没有出版，只有油印本和手稿。但先生为我"开小灶"，准许我读，准许我用，不怕我"偷"，也相信我不会"偷"。这样，直到先生认为过关，才回到宿舍写论文。所以，我的学问，不是坐"冷板凳"，而是坐"小板凳"做出来的。

论文的撰写，也有一个漫长的过程。先是写提纲。先生看过，提出意见，改；再看，再提意见，再改。如是者三。然后成文。仍是先生审阅，提出意见，改；再审，再提意见，再改。又如是者三。吴林伯先生通过后，又请胡国瑞先生和王启兴先生审看，提出意见，再改。最后，才是打印出来，正式送审，提交答辩。

现在想，20 世纪 80 年代的风气，实在是好。评审专家中，山东大学的牟世金先生跟我的导师吴林伯先生，学术观点是有分歧的，两人也不同门派。但牟先生对我的论文，仍给予很高的评价，毫无"门户之见"。1983 年在青岛开"《文心雕龙》研讨会"，牟先生还发函邀请吴先生和我与会，坐而论道。武汉大学哲学系的刘纲纪先生，在某些学术问题上，也跟吴先生意见不同。论文答辩时，我跟纲纪先生当面争论，针锋相对，面红耳赤。旁边同学看了，都捏把汗，刘先生却不以为忤。最后投票时，给我的成绩，也是"优等"。

显然，牟先生和刘先生的态度是：我不管你哪门哪派，也不管你跟我的观点是否相同，只管你论文做得好不好。因此，哪怕我坚决反对你的意见，只要你说得够水平，我就给你打高分！相反，则不通过。比如我的一位同学，当年就没有拿到学位。

这就是老一辈学人的风范！这样的风范，我觉得很需要弘扬。

　　受到诸位先生好评的这篇学位论文，在数易其稿之后，就成了收入本集的《〈文心雕龙〉美学思想论稿》。关于它的出版过程，本卷收有郝铭鉴先生《出版始末》一文，有详尽的介绍。说起来，那恐怕又是另一段佳话呢！

　　（原载《易中天文集》第二卷，上海文艺出版社，2011 年 5 月 24 日）

武大的文学传统和文学传人

洪　烛

　　洋溢着理想主义精神的 20 世纪 80 年代是出诗人的年代。在全国高校，几乎每个中文系的学生都算半个诗人，我也未能例外。当时，我因中学时写诗小有名气而被保送进武汉大学，觉得一下子由混沌的尘世进入了诗人的乐园。

　　新生入校，照例由辅导员带领去瞻仰位于樱园老校舍区的闻一多铜像——因为他曾任武汉大学文学院院长，我们不再叫他老诗人，而改口叫他老院长。整个大学时代，老院长都叼着那支著名的烟斗，坐在山坡上看我们这班后生们写诗。这也是一种文学传统吧——武大是一所为诗人树立有塑像的学校。偌大的武汉，也只有两位诗人以塑像的形式站立着——另一个是东湖公园里的屈原石像。我"野心勃勃"地想：第三尊塑像会留给谁呢？我可要加把劲啊。

　　有如此想法的也许不只我一人。那个时代的诗人都有类似的雄心壮志。我周围的同学，有不少都是在闻一多铜像前宣誓成为诗人的，譬如陈勇、李少君（后来去了海南），譬如低年级的邱华栋。我们都是浪淘石文学社的。类似的社团，仅武大就有十来个，各自招兵买马，举办朗诵会，油印诗刊，忙的不亦乐乎。我们常去的桂园咖啡馆里，有售已毕业的校友王家新的诗集——其时王家新在《诗刊》，我们便觉得北京的《诗刊》跟武大有缘，谈论王家新像谈论一位发达了的亲戚，这种亲近感是可以理解的。没准儿现在，武大的新诗人也带着同样的神情谈论我呢。

每年春天。樱园的樱花便开了，武汉三镇的市民，成群结队地到武大校园内赏花——有一条路也以樱花大道命名。浪淘石文学社也该举办邀集湖北各高校诗人参加的樱花诗会了。20世纪80年代的朗诵会，可比90年代的要阔气得多——一声号令，千人云集，有兵团作战的气势。我参与主持的几届，由学校派车接来碧野、徐迟、曾卓等老作家担任评委，评出的好诗都有奖品，且在校报校刊上发表。朗诵者大多是各校的名花，莺歌燕舞——陪伴着各自的诗人逶迤而来，真是才子佳人大聚会。诗会隆重得像选美。难怪那时候诗人多呢，读者中美女也多——女大学生们以认识诗人为荣。随便提一句：曾在樱花诗会朗诵拙作并获奖的华中师大的"战地夜莺"（校广播员）孙汀娟小姐，毕业后成为湖北电视台著名主持人。十年一别，偶尔调频道能重睹她的芳容，我自作多情地猜测：美人是否还记得我的诗呢？

武大当时在全国领先招作家班，班上有廖亦武等诗人。廖胡子以酒和诗团结了一批社会上的兄弟。诗坛正闹"第三代诗歌运动"，按道理最热闹的地方应该在四川，可四川的诗人极喜爱来武汉串门。成都的尚仲敏编印《大学生诗报》，每期都及时在武大教学楼前张贴出来，惹得众人像争看大字报一样围观。莽汉、李亚伟、杨黎从重庆乘船随流而下来武大找人，敲错了宿舍门，结果认识了正捧本《星星》在读的我，畅谈一番，还送我一套他们的诗歌资料《非非主义》。那时候只要知道对方写诗，就跟在敌后碰上同志似的，对一下接头暗号顿时就变成生死之交了。多年以后，我跟李亚伟又戏剧性地在北京重逢了——他摇身一变，已腰缠万贯，手持大哥大敲我的门，拉我去楼下喝酒。问他还写诗吗，他说，诗不写了，酒还照样喝。想当年，李亚伟的一首《中文系》曾使全国各高校的诗人臣服。

武大很快成了四川诗人的别墅——廖亦武的宿舍就是这别墅的一角。李亚伟、杨黎、马松等游侠经常不请自来，反客为主地邀我们这些本科生诗人喝白酒——从他们身上，我学到了不少江湖上的知识。廖胡子捧着大茶缸慢条斯理地招呼大家，与旧时代川江上的舵爷极神似。他还邀约亚伟、开愚等人在武大搞过一次第三代诗歌讲座，谈吐幽默、粗野，像练武场上的枪棒教头，与平常助教、副教授们温文尔雅的讲学风格迥异，把阶梯教室里的女学生吓退了不少。他们把绿林好汉的诗风带进了武大校园——应该承认，他们使诗歌不仅仅停留在写作的阶段，而接近于行为艺术。他们以流浪汉的形象，对校园诗歌进行了一场哗变、一次革命。武大很巧合地成为诗歌运动的一座桥头堡。

廖亦武、李亚伟他们常去法律系的女生宿舍——那里有他们一个漂亮的女老乡。而且跟这个女老乡同寝室的，还有好几个漂亮的女同学。据说有一次他们待得太久了，某女生不耐烦了："我们明天就要交论文了。"在座的开愚说："我可以替你写啊。"女生不信："你写得了吗？这可是国际法专业的。"开愚讨来题目与稿纸，一挥而就，完成一篇谈国际法的论文——女生们传阅，居然没看出什么破绽，第二天就如此交差了。由此可见开愚的博学。这是武大校园里流传的一段关于诗人的佳话。第三代诗人，大多是大学生出身，而且天性聪慧，能把死书读活。现在看来，一座大学，多出几个诗人，还是比多出几个书呆子要强。

　　1989 年 7 月（80 年代的末尾），我离开了武大，来到了北京，在中国文联出版社做编辑。不知是因为城市的更改还是因为年代的更替，我周围的诗人越来越少了，甚至我自己——诗也写得越来越少了，基本上改写散文了。是否可以这么认为：不管作为我个人，还是对于中国的诗人群体，都由诗化的岁月进入了散文化的岁月？诗人们的黄金时代结束了。本文是一个武大毕业生、一个退役诗人的回忆录。但时代是否也会如此这番地回忆我们呢——它是记住了，还是遗忘了？

　　　　　　　　　　（原载《武汉大学报》，2003 年 9 月 19 日）

中篇

佳话

学府美谈

钟灵毓秀，鸾翔凤集，一所大学，荟萃了浩繁的民族灵秀。

珞珈三女杰

张昌华

20 世纪二三十年代，武汉大学的文风盛极一时。外文系的袁昌英、中文系的苏雪林和凌叔华三位女作家，被人称作珞珈三杰（武大坐落于珞珈山）。

是时，袁的丈夫杨端六为武大训导长，凌的夫君陈源是文学院院长，居校舍一区。苏雪林是讲师，居三区。凌叔华毕业于燕京大学外文系，照常理可教中、英文，但陈源"怕人闲话，说他任用私人，便始终不使凌叔华在武大教书"。袁、凌、苏三人常有文字见诸报端，文风新锐，影响颇大。俗言"文人相轻"，而她们三人则相近、相亲、相爱。苏雪林在致笔者信中曾说：武大岁月，她是袁昌英家的常客，但凌叔华家鲜往。因陈源时任文学院院长，她怕被人说"攀高枝"。不过，春秋佳日，他们三人常联袂出游，或赴洪山、蛇山踏青，或登黄鹤楼望远，把壶品茗，谈文论艺，意兴盎然。

凌叔华出自名门，貌美又具才气，擅长小说、散文，兼擅丹青水墨，苏雪林曾撰《凌叔华的〈花之寺〉与〈女人〉》以推崇，称其"笔致雅洁清纯，无疵可摘，不啻百炼精金，无瑕美玉"，并亦认同她是"中国的曼殊菲尔"。后来，凌叔华随陈源赴欧居英伦敦，苏雪林再度赴法寓巴黎。1950 年秋，伦敦举办英建国一千年博览会，凌叔华做东道主，邀苏雪林前往参观。不久，苏雪林赴台湾执教。适新加坡南洋大学到台欲聘苏雪林，苏雪林不志另谋，遂荐凌叔华。凌在南大教了一年，因人际关系不谐，转应美国某大学之聘主教中国"五四"后的新文学，苦于资料匮乏，求援苏雪林。苏雪林四处张罗搜觅……1990 年，凌叔华在北京逝世，台湾媒体约苏雪林撰文纪念。苏雪林在日记中写道："若述昔日过从甚易着笔，若述叔华文章、绘画上成就则较难，若述其平日性情习惯则更难矣。然人生在世，为文岂能无曲笔？今其人已死，言其短实不该，唯有舍其短而取其长矣。"（《苏雪林作品集·日记卷》第十四册）即抱病撰 4000 字长文《悼念凌叔华》。文末还慨叹老友晚年生活的孤凄，结句是"人生真是如梦却未必如歌"。

凌叔华去世后，其独生女陈小滢不时音问长辈苏雪林。苏雪林每信必复，98 岁时她致小滢一封长函有 4000 字，以致苏雪林在日记中惊叹自己"脑子果然复苏了"。

凌叔华与袁昌英的关系要近于苏雪林。凌叔华是袁昌英的女儿杨静远的"干妈"。袁、凌过世后，袁的女儿杨静远和凌的女儿陈小滢过从甚密。小滢每每从伦敦回北京探亲，都要与干姐杨静远晤聚。

相较起来，苏雪林与袁昌英的关系要亲密得多。

袁昌英（兰子）留英是学戏剧的。苏雪林在她的《中国二三十年代作家》（台湾纯文学出版社，1983 年版）中，为袁列专章《袁昌英的〈孔雀东南飞〉》评述。称"袁昌英是当代女作家中惟一研究戏剧的人，她的创作仅有《孔雀东南飞及其他独幕剧》"，"篇篇都相当精彩，可说是当时贫薄剧坛的宝贵收获"。

苏、袁两人不仅是文友，在人生旅途上也有过提携和助持。她们订交于 1925 年的上海，结谊计 20 多年。苏雪林说，在上海"我们三日便通一封信，都写得很长，闲话家常外，也讨论些文学艺术问题。兰子常对我说：'你的信文采斐然，见解透彻，我非常爱读，我把你的信封封保存，现在已捆成几大捆了。'"当初王世杰（雪艇）办武大，所聘教授大半是英国的旧同学，"我不是留英的，兰子在雪公前极力推荐，因之，民国 20 年，我也上了珞珈。""上课时在校中日日见面，课余之暇，两家相互走动；吃饭、喝茶、聊天，日子过得很愉快。"抗战军兴，武大迁到四川乐山，他们同赁一屋而居三年，朝夕相处。袁昌英是富家小姐出身，又有留英背景，讲礼貌，喜尊贵，素有矜重之风。苏雪林性率直，语多锋。就性格说，两人如冰火。苏雪林有时说话口无遮拦，甚而偶为小文嘲讥袁昌英的小姐脾气。袁昌英不予计较，处处宽容。最令苏雪林感佩的是，袁昌英精通希腊神话，苏后来完成的长篇巨著《屈赋新探》得益于袁的关于神话的启发、帮助。苏雪林为研究楚辞，遍读西亚、埃及、印度的原版神话书，遇到疑难，便向袁讨教。"她不惮其烦，不厌其详地替我解释。"历 30 年，苏雪林完成 180 万言的《屈赋新探》后，深情地说：书成了，兰子没了，"但她当日协助之功实不可没，我对她又安能不感念。"故苏雪林称袁昌英是她"生平第一知己"。

袁昌英在"文革"中郁郁而死。苏雪林扼腕长叹，撰《我的知己袁兰子》以追怀。并在台积极张罗出版袁昌英的遗著两种。笔者初与苏雪林通信时，附寄了我为凌叔华、陈源出版的散文集《双佳楼梦影》，她收到后立即向我推荐袁昌英。信云："《双佳楼梦影》甚好，袁昌英的丈夫杨端六是学经济的，不从事文学，想你编夫妇合集，袁昌英不能中选了，多么可惜！但袁的学问的确深邃，你将来若编各类单行本，则袁的剧本《孔雀东南飞及其他》万不可忘，她的散文《行年四十》、《山居散墨》都在凌叔华之上。"

　　1984年，袁昌英的女儿杨静远通过干妈凌叔华始与苏雪林通信。苏雪林便把对袁昌英的一片爱心倾在杨静远的身上，寄钱并资助出书。苏雪林接到杨静远《干校剪影》文稿后，认真阅读为其作序，因年迈便请秦贤次先生代为推荐在台出版。"秦贤次昨来信，云海风答允印行杨静远的干校剪影，但要出版人贴出版费400美元，秦允由他负担，岂有此理，当然归我！"（《苏雪林日记》，1991年9月13日）。杨静远待苏雪林如母，音问不绝。并撰《让庐旧事——记女作家袁昌英、苏雪林、凌叔华》，纪念这3位文学前辈间的友谊。

　　珞珈三杰，已云游天外，但佳话仍在文坛流传。

　　　　　　　　　　　（原载《文汇报》，2007年9月3日）

童心不泯

周绍东

　　1928 年 7 月，南京国民政府大学院正式决定以武昌中山大学为基础筹建国立武汉大学。同年 8 月，南京国民政府任命刘树杞为武汉大学代理校长，同时任命李四光、王星拱等人为新校舍建筑设备委员会委员，李四光为委员长，负责在武昌郊外勘察校址，建设校舍。

　　可是，新校舍究竟建在什么地方最为理想呢？李四光连续召开了几次筹备委员会议，但都没有得出什么结果。就在此时，参加了筹备委员会的农学家叶雅各向李四光建议："武昌东湖一带是最适宜的大学校园，其天然风景不惟国内各校舍所无，即国外大学亦所罕有。"李四光听后便非常急切地要与他同去查看。

　　当时的珞珈山人烟荒芜，一片凄凉。李四光和叶雅各骑着毛驴，带着干粮来到了山下。然而，看到东湖这一带引人入胜的美景，李四光这位曾到过祖国万水千山的大地质学家居然激动得从毛驴上跳下来，紧紧握住叶雅各的手，一遍又一遍地说："没有比这更合适的校址了，没有比这更漂亮的地方了，您真是慧眼识珠啊！"

　　叶教授是广东人，早年留学美国，在耶鲁大学获林科硕士学位，回国后在金陵大学任教，自国立武汉大学成立以后就一直在武大担任农学院院长一职。

叶雅各在武大初建时期的教授当中可算是独具一格的。他爱抽烟斗和雪茄，手指熏得焦黄。他留学美国多年，讲起话来总要在广东腔里再夹几句英文。他体态肥胖，走起路来，鞋子似乎从不离地，学生们只要听到"踢哒！踢哒！"的响声，便知道是他们的叶教授来了。除了这些，性情爽朗、洋味甚浓的叶教授还有一些鲜为人知的趣事。

武大初建时期，物资匮乏，珞珈山地处郊区，蔬果禽肉等产品更是不易得到，叶雅各力主大量造林，不仅要种一般的树木，还要种果树，并且，他还派人到上海去买奶牛，准备建一个大规模的农场。奶牛买回来开始产奶了，便面向师生销售，由于当时牛羊牲畜常得一种肺病，而这些奶牛都是比较优良的进口品种，于是叶教授便让人在广告上写上："请购无肺病牛奶！"然而，第二天有好事同学在肺病二字之间加了一个逗号，这可好，广告成了"请购无肺，病牛奶！"叶院长弄巧成拙，好不尴尬。

叶雅各非常喜爱运动，虽身体不佳，但对足球却是十分痴迷。武大组建伊始，他便在农学院招兵买马，组成了一支足球队，我国著名的林学家汤佩松教授当时就是这支球队的成员。叶院长既是球员又是教练，有一次与汉口的一支球队比赛输了，他蛮不高兴，训话结束时说了这么一句："我们的球是输了，但我们在场上的位置都对。"

由于早年留学美国，叶雅各也深受西方文化的熏陶，尤其是美国人那种讲究实用和创新的思想观念对他的影响更大。在他眼中，教育便是探索、尝试的代名词。杨静远教授（杨弘远院士的姐姐，货币银行学家杨瑞六教授和戏剧学家、珞珈三杰之一的袁昌英教授的大女儿）在回忆录中就记述了这样一件事情：叶雅各在家中闲居，一时无事，与二子叶绍俞嬉耍，小绍俞可能是问爸爸人类能不能飞翔之类的问题，于是叶雅各便让他从二楼跳下去，自己试试看。小孩倒也勇猛，只是下落时把手给弄骨折了，不过父子都不慌张，在医院里治疗一阵子也便好了，于是小绍俞也明白了人是不能飞的了。

其实，幽默豁达也好，童心未泯也好，这是叶雅各教授性格的一个方面，而他在建设武大的艰苦岁月里，为这一宏大的工程投入了极大的精力和热情，是一位让人尊敬的珞珈元老。在建设校舍初期，珞珈山坟墓众多，必须迁坟才能建房，但当时民间习俗认为迁坟会祸及祖先，有违中国的孝亲观念，因而坟主纷纷反对迁坟，还要求武大停止基建。面对如此无理要求，叶雅各据理力争，慷慨陈词。但坟主一再无理纠缠，叶雅各愤怒之极，率领几十民工，于一夜之间将诸坟悉数挖掉，又将遗骨收好。坟主无奈之下，只好撤走。此事后来惊动了国民党中央政府，经多方调停才得以平息，但是，叶雅各教授的正义之举却让每一个武大人由衷钦佩。

（原载《武汉大学报》，2003 年 5 月 9 日，原文题为《慧眼识珞珈》）

珞珈山的孩子

黄文童

珞珈山上的"老十八栋"从开工到现在也有 80 多年了，80 年对一栋栋建筑来说或许不算长，但是，对一个人来说，不算短。

1932 年，皮公亮还是武大附小三年级的学生娃。据他回忆，当时武大附小的老师基本上是由武大的教授兼着，学生也多为教授子弟，由于父母多住在"老十八栋"，彼此之间也都相熟。放学后小伙伴们三五成群，呼朋引伴，嬉戏玩耍，好不热闹，经常是暮色四合才恋恋不舍地回家，因为错过饭点，没少挨父母的批评。对于这群孩子来说，四季有不谢之花、八节有长青之木的武大，角角落落都藏着神奇的秘密，流连于武昌东湖一带的湖光山色中，春捉蝌蚪，冬打雪仗，夏粘知了，秋采野果。陈小滢（陈源之女）在后来的回忆中写道，"我的童年就是和小伙伴在草丛中打滚，疯跑，你追我赶。"皮老对笔者说，"武汉大学的每一个角落我们都玩遍了"，而武大的每一个角落也记录了他们纯真无邪的孩童时代。

翻看附小 1936 年的学生名册，我们发现一个个熟悉的名字：第一、二班（届）毕业生中的王焕葆和杨静远，第四班毕业生中的查全性、皮公亮、叶绍智，在校三年级学生中的刘保熙，二年级学生中的缪龙森、吴令华、陈小滢，刚上一年级的余桢，尚在预备班的方克定。然而时光荏苒，岁月蹉跎，曾经的蓬头稚子如今已是鸡皮鹤发，年纪最小的方克定也已是79岁高龄。

这些孩子是珞珈山的第一批孩子，他们有的是小时候随父母搬到珞珈山，如查全性、皮公亮等，有的是出生在珞珈山，如陈小滢。他们的父母多是国立武汉大学的首批教授，为国立武汉大学的筹建发展立下了汗马功劳，正是因为他们的父母的努力，胡适先生在20世纪30年代初才会有底气对美国友人说，"如果你想知道中国怎样进步，到武昌珞珈山看看武汉大学就行了。"

相对于父母的生活，孩子们的生活是轻松而惬意的，皮老对笔者说，当年他们课业比较轻松，闲暇时间较多，孩子们之间交流很多，相知甚深。虽然课业不重，但孩子们营造了比较浓厚的学习氛围，一方面得益于父母的影响，另一方面也要归功于孩子们之间比学赶帮、相互鼓励。

在陈小滢女士的书《散落的珍珠：小滢纪念册》中，我们可以看到一些当年孩子们之间相互劝勉的字条。孩子们之间的感情很好，是因为机缘也因为孩子们之间的刻意维护。以陈小滢为例，她认了杨静远（杨端六之女）为干姐，还效仿刘关张和同班的其他两个女生"桃园结义"，而她与吴令华（吴其昌之女）更是从武大附小到大学都是同学。青梅竹马中，有的教授结成儿女亲家，如叶雅各的儿子叶绍智和钟心煊的女儿钟芝明、皮宗石的儿子皮公亮和刘永济的女儿刘茂舒，都是在"十八栋"长大，缘定终生。这群孩子中也是人才辈出，仅武大附中就出了3个中科院院士，查全性、杨弘远和欧阳予。

珞珈山的孩子，他们是珞珈山的第一批孩子。虽然现如今他们有的已是儿孙满堂，有的依然孑然一身，有的尚颐养天年，有的已不在人世，但面对珞珈山他们永远是群孩子。也许在大洋彼岸的某处，有人正在漫展书卷，撷拾散落的珍珠；也许在某个午睡醒来的春日，有人轻挽银发，回忆却飘回了珞珈山上家门前的那片绿草坪，孩童的自己正在上面笑着闹着打着滚儿……

杨静远在《让庐旧事——记女作家袁昌英、苏雪林、凌淑华》中写道，"已是深埋记忆底层的陈年旧事，负载着太多的甜蜜和太深的痛楚。若不是为了保存一页史料，我轻易不会去触动它。"的确，这些甜蜜和痛楚对我们来说或许只是一页泛黄的史料，但是对他们来说却是一段鲜活的记忆。我们所要做的，或许只能是把这段史料放进我们的记忆，因为，我们也是珞珈山的孩子。

（原载《武汉大学报》，2011 年 5 月 6 日）

哈佛三剑客

金　春

在武汉大学，有一个"哈佛三剑客"的传奇，流传至今。

20世纪40年代前期，在藏龙卧虎的美国哈佛大学里，有3位优秀的中国留学生脱颖而出，以其优异的学业成就，广获认可和好评，被同学们戏称为"哈佛三剑客"。

在抗战结束后的两年里，三人先后接受国立武汉大学校长周鲠生的邀请，回国到武大任教。从此，"哈佛三剑客"齐聚于珞珈山麓。他们在各自的学术领域里成就斐然，影响深远，成为在国内学术界堪称"顶尖级"水平，在国际上也具备一定影响力的学术大师：一位是中国国际私法学泰斗和一代宗师韩德培，一位是中国世界史学科的主要开拓者和奠基人吴于廑，还有一位是世界公认的发展经济学创始人张培刚。

与此同时，在这"哈佛三剑客"的身边，在他们所创造的三个学术高峰之侧，武汉大学还有几位大师，在法学、历史学、经济学领域里，同样取得了非凡的学术成就，与"三剑客"相映生辉。这些大师在各自的领域里都享有崇高的学术声望和地位，在他们的带领和熏陶下，武大在相关学科的发展也走到了全国前列，尤其是国际法、环境法、吐鲁番文书和发展经济学等方面的研究，在国内堪称首屈一指，并且具有

"不可替代"的学术地位和影响。

　　"哈佛三剑客"的到来，以及他们与武大其他的优秀学者在学术上的共同开拓，极大地深化了珞珈山自由竞争的学术氛围和氤氲深厚的人文底蕴。"剑客"们对于武大学术和校风的巨大影响，早在20世纪四五十年代便已初见端倪；到了八九十年代，更是历久弥新，愈加浓厚；直至跨入新世纪的门槛，仍不绝于缕。而他们的仙风道骨，也注定将永驻珞珈，继续浸润斯山斯水、斯人斯地。

　　（原载金春的博客，2009年7月30日，http://blog.sina.com.cn/whulzy）

文学名师至情的眼泪

齐邦媛

　　进入外文系二年级即有朱老师的"英诗"全年课，虽是紧张面对挑战，却也有些定心作用，我立刻开始用功。朱老师用当时全世界的标准选本，美国诗人帕尔格雷夫主编的《英诗金库》，但武大迁来的图书馆只有六本课本，分配三本给女生、三本给男生，轮流按课程进度先抄诗再上课。我去嘉乐纸厂买了三大本最好的嘉乐纸笔记本，从里到外都是梦幻般的浅蓝，在昏暗灯光下抄得满满的诗句和老师的指引。一年欣喜学习的笔迹仍在一触即碎的纸上，随我至今。

　　朱老师虽以《英诗金库》作课本，但并不按照编者的编年史次序。他在上学期所选之诗都以教育文学品位为主，教我们什么是好诗，第一组竟是华兹华斯那一串晶莹璀璨的《露西组诗》。

　　朱老师选了十多首华兹华斯的短诗，指出文字简洁、情景贴切之处，讲到他《孤独的收割者》，说她歌声渐远时，令人联想唐人钱起诗："曲终人不见，江上数峰青"的余韵。

　　直到有一天，教到华兹华斯较长的一首《玛格丽特的悲苦》，写一妇女，其独子出外谋生，七年无音讯。诗人隔着沼泽，每夜听见她呼唤儿子名字，逢人便问有无遇见，揣想种种失踪情境。

朱老师读到"the fowls of heaven have wings，…Chains tie us down by land and sea"（天上的鸟儿有翅膀……链紧我们的是大地和海洋），说中国古诗有相似的"风云有鸟路，江汉限无梁"之句，此时竟然语带哽咽，稍微停顿又继续念下去，念到最后两行：

If any chance to heave a sigh，（若有人为我叹息，）They pity me，and not my grief.（他们怜悯的是我，不是我的悲苦。）老师取下了眼镜，眼泪流下双颊，突然把书合上，快步走出教室，留下满室愕然，却无人开口说话。

也许，在那样一个艰困的时代，坦率表现感情是一件奢侈的事，对于仍然崇拜偶像的大学二年级学生来说，这是一件难以评论的意外，甚至是感到荣幸的事，能看到文学名师至情的眼泪。

二十多年后，我教英国文学史课程时，《英诗金库》已完全被新时代的选本取代，这首诗很少被选。不同的时代流不同的眼泪。但是朱老师所选诗篇大多数仍在今日各重要选集上。

英诗课第二部分则以知性为主，莎士比亚的几首十四行诗，谈到短暂与永恒的意义，雪莱的《奥兹曼迪斯》也在这一组中出现；威武的埃及君王毁裂的头像半掩埋在风沙里。

朱老师引证说，这就是人间千年只是天上隔宿之意，中国文学中甚多此等名句，但是你听听这 boundless 和 bare 声音之重，lone and level 声音之轻，可见另一种语言中不同的感觉之美。

至于《西风颂》，老师说，中国自有白话文学以来，人人引诵它的名句："冬天到了，春天还会远吗？"已到了令人厌倦的浮泛地步。雪莱的颂歌所要歌颂的是一种狂野的精神，是青春生命的灵感，是摧枯拉朽的震慑力量。全诗以五段十四行诗合成，七十行必须一气读完，天象的四季循环，人心内在的悸动，节节相扣才见浪漫诗思的宏伟感人力量。在文庙配殿那间小小的斗室之中，朱老师讲书表情严肃，也很少有手势，但此时，他用手大力地挥拂、横扫……口中念着诗句，教我们用"the mind's eye"想象西风怒吼的意象。这是我第一次真正地看到了西方诗中的意象。一生受用不尽。

一个学生的《神曲》课

开学不久，我们教室门口贴了一张告示，刚由意大利回国的田德望博士来校任教，为三、四年级开选修课"但丁《神曲》研究"。

我们很有兴趣，七八个人嚷着要选，结果只有三个人去登记，上课前几天有一人退选，只剩我和一位男同学，他说也要去退选，实在没有心情深入研究这深奥的经典。系主任叫我们去恳谈，说在此时此地能争取到真正有实学又合教育部聘任标准的意大利文学教授应该珍惜，你们三个人务必撑着让系里开得出这门课，留得住人才。

我们走出来时，我又苦苦求他们勿退。他们妥协说，等到退选日期过了，再去以冲堂为理由退掉。总之，只剩下我一个人面对一位老师。

九月的武汉已是仲秋，刚刚装上门窗的教室，虽是最小的一间，仍是冷风飒飒的。

田先生全套西装，瘦瘦斯文的欧洲文人形态，他原站在讲台后面，也写了些黑板字，后来找了把椅子坐下，我一个人坐在下面，只看到他的肩部以上。听讲两周之后，大约都觉得有些滑稽。有一天老师说："你既然必须从女生宿舍走到教室来，和到我住的教师宿舍的路程差不多，不如你每周到我家上课，没这么冷，我家人口简单，只有内人和一个小孩。"

我去问了吴宓老师，他说，"你去试看看也好，教室实在不够分配。田先生家里是安全的。"

从此，我就爬半个山坡去田家，上课时常有一杯热茶。田师母相当年轻，亦很简朴温和。男同学们传说田先生是去梵蒂冈修神学，未当神父，抗战胜利前修得文学博士，回国娶妻生子的。他们又说，从前在乐山时，哲学系张颐（真如）教授的"黑格尔研究"课上，常见一师一生对坐打瞌睡，你到老师家书房研读天书一般的《神曲》，不知会是怎样一个场面！

我清晰地记得，那个一学期的课，一师一徒都尽了本份。田老师确实认真地带我读了《神曲》重要篇章。他不断出示他由意大利带回的各种版本与图片，是一般教师所做不到的。他是位相当拘谨的人，在上课时间内从不讲书外的话。力求课业内容充实。

但是，他的宿舍并不大。田师母抱着孩子在邻室声息可闻，而我到底是个女孩子，常去熟了，她会在没有人接手时把小孩放在爸爸怀里。田老师常常涨红了脸一脸尴尬，我便站起去接过来，帮他抱着那七八个月的小男孩，一面听课。后来田师母到了五点钟就把小孩放到我手里，自己去煽炉子开始煮他们的晚饭。有一次，一位同班同学来催我去开班会，他回去对大家说，看到我坐在那里，手里抱个小孩，师母在煽炉子，老师仍在一个人讲着《地狱篇》十八层地狱不知哪一层的诗文，当时传为笑谈。

起劲的教书人

在现代文学课认识了缪朗山教授。在那几年，他大约是对学生最有魅力的人了，专长是俄国文学，所以几乎全以俄国文学作为现代的代表。

他的课很受学生欢迎，抗战国共合作时期，这样的课比任何政治宣传都有用。缪先生身体壮硕，声音洪亮，对俄国文学确有研究，所以授课演讲内容丰富，上课时如上舞台，走过来跑过去，从不踱步，脸上都是表情，开口即是谐语，一男同学形容他是"大珠小珠落铁盘"。他热切地介绍高尔基的《母亲》，萧洛霍天《静静的顿河》，和伊凡·冈察洛夫的《奥卜洛莫夫》。此书是一本极精彩的写懒人之书，说到那贵族懒人的仆人，因为太懒，伸出的手掌和鞋底一样脏，缪教授居然把他的破鞋脱下一只与手掌并列。

在他之前和之后，我从未见过那么起劲的教书人。

（以上三则摘自《巨流河》第四章，生活·读书·新知三联书店，2011年4月，标题为编者所加）

珞珈山下四人行

金克木

1946年，武汉大学战后复员武昌珞珈山，山上仿布达拉宫外形建造的教学楼和学生宿舍依然无恙，山前山后上上下下的旧房虽然还在却已残破了。

秋天傍晚，大路上常有四个人碰面时就一边走一边高谈阔论，有点引人注目，但谁也不以为意，仿佛大学里就应当这样无拘无束，更何况是在田野之中，东湖之滨。

这四位老师模样不过35岁上下，谈得不着边际，纵横跳跃，忽而旧学，忽而新诗，又是古文，又是外文，《圣经》连上《红楼梦》，屈原和甘地做伴侣，有时庄严郑重，有时嬉笑诙谐。偶然一个即景生情随口吟出一句七字诗，便一人一句联下去，不过片刻竟出来七绝打油诗，全都呵呵大笑。

原来这是新结识不久的四位教授，分属四系，彼此年龄相差不过一两岁，依长幼次序便是：外文系的周煦良、历史系的唐长孺、哲学系的金克木、中文系的程千帆。

四人都是"不名一家"。周研究外国文学，但他是世家子弟，又熟悉中国古典。唐由家学懂得书画文物，又因家庭关系早年读刘氏嘉业堂所藏古书，他还曾从名演员华传浩学昆曲，又会唱弹词，后来在上海进了不止一个大学的不止一个系，得到史学大家吕思勉指引后才专重中国史学，译出《富兰克林自传》和赛珍珠的小说，是为草创《孽海花》的金松岑代授课才开始教大学的。金是认识他的人都知道的"杂货摊"。程专精中国古典文学，但上大学时读外文，作新诗，所从业师是几位著名宿儒，自己又是名门之后，却兼好新学。程的夫人是以填词出名的诗人沈祖棻，也写过新诗和小说。她是中文系教授，不出来散步，但常参加四人闲谈。

八年抗战胜利结束，复员后文化教育各方都想有所作为，谁也料想不到一年后烽烟再起，两年后全国情况大变。需要从头学习以适应新的形势要求。那时大学都还照老一套办事，想重振学风，勇攀高峰，参加世界学术之林。武汉大学校长周鲠生雄心勃勃，做的第一件事便是请新教师。他要把文、理、法、工、农、医六个学院都办成第一流。单说文科，便有刘永济任文学院长，吴宓任外国文学系主任，刘博平任中国文学系主任，新从美国回来的吴于廑任历史系主任，已在病中随后中年早逝的万卓恒任哲学系主任。万以后洪谦继任。全校各系都请了一些新的教授，真是不拘一格聘人才。

珞珈山下在一起散步的四人教的是古典，而对于今俗都很注意，谈的并非全是雅事。唐长孺多年不读《红楼梦》而对《红楼梦》中大小人物事件如数家珍，不下于爱讲"红学"的吴宓。周煦良从上海带来两本英文小本子小说。他在战后地摊上买了专为士兵印的许多同一版式的小书，想知道战时美国军人的读书生活。他说，古典的不论，通俗的只有这两本可看。一是他后来译出的《珍妮的画像》，一是讲外星人来地球在爱中以"心波"不自知而杀人的荒诞故事。他还带来还珠楼主的《蜀山剑侠传》，说是当时上海最风行的小说，写了西南少数民族，有些"法宝"是大战前想不到的。金克木曾到租书铺租来《青城十九侠》、《长眉真人传》等等还珠楼主的小说。四人都对武侠流行而爱情落后议论纷纷，觉得好像是社会日新而人心有"返祖"之势。雅俗合参，古今并重，中外通行，是珞珈四友的共同点。其实这是中国读书人的传统习惯。直到那时，在许多大学的教师和学生中这并不是稀罕事，不足为奇。大学本来就是"所学者大"，没有"小家子气"和"社会习气"的意思吧？当然这都是50年代以前的古话，时过境迁，也不必惋惜或者责备了。

（原载《金克木散文（插图珍藏版）》，人民文学出版社，2008年1月）

"不合时宜"的教授

盛禹九

　　进校头一年，我旁听过吴宓教授的《英国文学史》课程，印象深刻。老师进入教室后，首先打开随身带的布包袱，把里面的备课笔记和有关卡片放在讲台上；接着走到黑板前，把这堂课要讲的主题，和有关的参考书、著者、出版社、出版年代等，详细地写在黑板上，然后开始讲课；可在讲课时，并不翻阅这些笔记和卡片，而是全凭记忆。他在讲台前走来走去，侃侃而谈；在分析作品时，常不假思索地背诵一些原作。还记得，老师背诵莎士比亚的一首十四行诗——《Shall I Compare Thee to a Summer's Day》（《能否把你比作夏日璀璨》），当他背到得意处，拿起身边的手杖，随着诗的韵律，一重一轻地敲着地面，此时他的身心已融入诗的意境。听人说，吴宓不仅能用多种语言背诵许多西方文学名作，甚至整篇莎士比亚的剧本都能全部背诵下来，反映出其学术根底深厚和学习上的刻苦。

　　作为外文系系主任，吴宓为系里工作付出了太多心血：他给学生设计比较完备的课程，聘请和介绍许多知名教授（如周煦良、田德望等）来系任教和讲课，并且拿出自己珍藏多年的许多外国文学书籍建立起外文系图书馆。可他的辛勤劳作没有得到应有的回报。1947年3月4日，吴宓写了一则日记：

"下午二至四时，外文系图书馆开馆，宓往指导。乃学生来者只二三人，殊乃懊丧。使宓痛感今日学生不好学，与宓之每事徒自热心，空费精力也。"

其实，岂仅外文系图书馆开馆来者寥寥，当时甚至连吴宓的主课都少有人听。记得这年 5 月 21 日，美国驻华大使司徒雷登来到武大讲演。此前不久，我在文学院布告栏里看到，吴宓用毛笔写的、字迹工工整整的一个纸条，其中写道："今日宓来授课，教室内空无一人。珞珈山风景优美，正是诸君大好求知时期，为何不予珍惜，宓深以为憾……"这里，吴宓对"今日学生不好学"，不仅"痛感"于心，而且言之于外了。

（原载《争鸣》杂志，2008 年第 4 期，原文题为《吴宓在武大》，本书有删改。）

"标本唐"传奇

刘我风

武大的动物标本馆由福州人唐启秀和儿子唐瑞昌于1929年创建，是中国最早、最大的标本馆之一，鸟类标本居全国各馆之首。"标本唐"发端于唐启秀的父亲唐春营，北大、复旦、华东师大、中山大学、云南大学、福州师大等高校，以及北京自然博物馆、上海博物院的动物标本馆也均由唐春营的儿孙创建。目前在武大主理标本馆事务的是"标本唐"在武大的第三代和第四代传人：唐兆子和唐健父子。

我在武大动物标本馆内见到了慕名已久的唐兆子先生。有几十年野外考察的工作垫底，六十有三的唐先生精神矍铄，声音爽朗，和校园里常见的老夫子是完全不同的风格。

中国的标本馆

中国标本界有"南唐北刘"说法，刘，是指在农事实验场（现北京动物）从事动物饲养、繁殖和标本制作等工作的刘树芳开创的一派。春节，在给唐兆子的拜年短信中，刘的后人亦自称"北刘"。但是，北刘未形成唐家如此的家族气候，影响也要小许多。

据唐兆子的父亲唐瑞昌老先生告诉他，唐家老祖宗唐春营本来是福州马尾小火轮上的一名船长，当时任职海关的英国官员拉都胥每天坐他的船往返上下班，时间久了，两人就熟悉起来。周末，两人一起去打猎，唐春营向拉都胥学习了一套当时在欧洲颇为先进的动物标本剥制技术。后来，他又把这门技艺教给几个儿子。1919年前后，除次子留守福州本土以外，唐家其他几个孩子先后带着这个独门技艺远走汕头、广州、武汉、上海、北京等地。"标本唐"开始在中国各地开枝散叶。

唐启秀是唐春营的第四个儿子，他先是到了广州中山大学，1928年辗转来到武汉，把自己历年制作的鸟类标本全部捐给了武大，今天樱花大道尽头的标本馆内，依然收藏着唐启秀当时留下的孤本珍品。

1929年，唐启秀把16岁儿子唐瑞昌从老家接来，父子俩一起在武昌阅马场武大旧址（今湖北教育学院）创办了武大标本馆。此后武大迁往珞珈山新址，抗战期间又西迁乐山，父子俩不离不弃，锲而不舍地为武大生物系收集齐了湖北和四川两省的动物标本。1961年，唐启秀先生去世，唐瑞昌挑起了标本馆的大梁，他率领儿子唐兆子和其他工作人员辗转大江南北，制作的标本囊括了华中、西南、西北等地品种，目前武大所藏的标本中有95%出自唐瑞昌先生之手。

复活的"动物王国"

唐兆子现在还有一个身份："珞珈山子弟同乐会"会长。众多在珞珈山长大成人的教授、专家，小时候都曾跟在少年唐兆子后面打鸟、游泳、叉鱼……唐兆子说，我最擅长叉的鱼是鳜鱼，老虎为什么不会上树，不是因为猫没有教他，而是因为它是万兽之王，处于食物链的最顶端，上树这件事不劳它亲自去做；同理，淡水湖中鳜鱼也处于食物链的顶端，是吃鱼的鱼，它在自己的势力范围之内完全没有警惕性。我在东湖里发现了鳜鱼，即使它在石头那一边，我只要在这一边模仿小鱼吹口气，吐个泡泡，它也会过来找我——它以为我也是它的食物呢……

　　唐兆子的动物知识首先来自于父亲的耳提面命，其次来自于野外的多年考察，但他从来没有放松过书本知识的学习，直到 20 世纪 90 年代，他还在生命科学院旁听《动物学》课程。武大的标本馆在他主持期间迎来了全盛时期，他的代表作有：武汉动物园"世界上寿命最长的大熊猫"都都标本；巴东的金丝猴楚楚标本；一条长达 4 米、重逾 400 公斤的葛洲坝中华鲟标本等。

　　记者问："标本唐"是不是真的像外人所说，只在唐家家族内传承，而且，只传男，不传女？唐兆子大笑：可能早期曾祖传祖父那一代时有这样的想法，但后来科学昌明，技术共享，"独门秘笈"已不可能保密。譬如武大标本馆，就不定期地办过标本制作培训班，但大多数学员回去后都不了了之。唐家的男人之所以能代代相承，全凭大家对这份祖业的敬畏和热爱，当然，还有悟性！但猎取动物需要长时间的野外作业，制作标本需要直面血腥，而且两者对体力的要求都非常高，所以家族中的女性往往自觉地回避了。

　　现在，40 岁的儿子唐健接过了唐兆子的班。唐健虽然是学计算机出身，但初中时就偷偷做过标本。唐兆子希望儿子发挥特长，把标本馆转化成一个数字博物馆，到那时，人们可以在电脑上随时游览这个"复活"的动物王国，不必再等待一年一度的樱园花开。

（原载《武汉大学报》，2011 年 1 月 14 日）

三代留学路

杨欣欣　肖　珊

1934 年，怀抱科学救国理想，立志用西方先进的科学技术来拯救危难中的祖国的王之卓，远渡重洋，以庚款公费留学，赴伦敦专攻测绘。

在伦敦大学帝国学院苦读一年后，王之卓在李四光帮助下转赴当时世界上测量科学最先进的德国，在柏林工业大学测量学院深造。1939 年，王之卓成为我国第一个获得博士学位的航测专家。他带着全家回到了战火纷飞、满目疮痍的祖国，在日本飞机的轰炸声中艰难地开展中国的航空摄影测量研究。

1944 年，他参与商谈和签署中美合作航测合同，抗战胜利前夕率团赴美国考察航测技术，1946 年回国，担任上海交通大学校长。上海解放前夕，国民党政府方面为王之卓等知识界人士准备好了去台湾的飞机，但他们巧妙地回避了特务的软硬兼施，在新中国曙光初露之际，毅然留了下来。

距王之卓求学德国近半个世纪后，1982 年，王之卓写信给国际著名学者阿克曼教授，力荐自己的学生李德仁赴其门下攻读博士学位。德国这个仍然是全世界航测理论最先进的国家，迎来了新中国第一位航测专家。

在改革开放风起潮涌的时代，李德仁这一代学人心里，最强烈的便是爱国激情和历史使命感。他焚膏继晷，追星逐月，跑进了世界航测研究的前列。他解决了测量学上"一个百年来的难题"；仅用两年多就学完了一般人要学五六年的课程，并至今保持着斯图加特大学博士论文得分最高的纪录。

戴上博士桂冠和博士项链之时，李德仁的目光越过崇山重洋，他的心已经飞回了等待自己去开拓耕耘的国土。"李博士，留下吧！我们有世界上最先进的试验设备，凭您的聪明才智，完全可以摘取一颗又一颗科学明珠。"许多外国友人殷切挽留。李德仁回答："我的根在中国，我的事业在中国。我要和我的祖国一起，去承担历史的重任。"

"你看世界杯足球赛，各国球员都要回国为自己的国家踢球，你也回国'踢球'吧！"时至20世纪90年代，李德仁在给自己的学生龚健雅的信中写道。

作为王之卓与李德仁两位教授联合招收的博士生，1989年，龚健雅被两位老师送往丹麦技术大学进修。他骑着一辆自行车，每天花一个多小时往返于公寓和研究所之间。丹麦的冬天出奇的冷，他也从未间断过学习和工作。

1990年，在阿姆斯特丹举行的国际会议上，龚健雅的论文引起了专家的极大关注，丹麦农业部致信邀请他到该部工作。当时国内一场政治风波刚过，不少人找借口滞留国外。两位导师多次写信给他，谆谆教诲。

龚健雅毫不犹豫地回国了。此后又多次接到国外邀请，他都婉言拒绝。1995年，美国麻省大学开出极有利的条件，力邀他作两年的访问教授。他在美国只待了三个月，就迫不及待地回国，投入到实验室的研究工作中。

（原载《武汉大学报》，2009年9月25日，原文题为《三代学者的留学报国路》，本书有删改）

这条道，铭记终生

王慧敏

每次到武汉出差，我都会抽空到武汉大学去，目的是走走珞珈山的那条土路。

土路，缠绕在珞珈山的半山腰，依次串起了教工住的南三区、本科生住的梅园、研究生住的枫园。在一切都"被现代化"了的今天，这条剖土为基、杂树夹峙的弯弯曲曲的土路，能一直保持着原来的风貌，确实是个异数！

这条路，联着我和武汉大学的樊凡老师。20多年前，我在武大读研究生时，曾师从樊老师。当时他是系里最年长的老师，不仅学问做得好，且宅心仁厚，无论在什么情况下，永远都保持着温文尔雅、不紧不慢，总让人想到"博闻强识而让，敦善行而不怠"这句话。

第一次走那条路，是新生报到后不久。那时候樊老师还住在南三区。那晚，具体是什么原因在老师家逗留久了，现在已记不清了。回去时，恩师执意要送。我说一个大小伙子，在校园里走害怕什么。说完，想匆匆逃掉。恩师一把拽住了我，回头急急对师母史老师说："快拉住他，拉住他。我去找手电。"

恩师解释，前不久那条路上发生了抢劫案。于是，在那条弯弯曲曲的土路上，一老一少并肩在手电的光晕里迤迤走着，光柱把俩人的身影拖得很长很长。老师那晚的话也永久印在了心上：你们搞文字的，只有不断增加学养，笔头才常有亮色；犹如树，只有不断施肥才能根深叶茂……

又一次被恩师相送，是两年后的一个雪夜。那次晚归的原因，至今记得很清楚：樊老师对我的毕业论文的导论不甚满意，一遍又一遍地"抠"。细致到了每一个措辞，每一个标点。等到"抠"完，已经夜里1点多了。恩师探头看了看窗外："还下着呢。我送你。"不由分说便率先出了门。到了底楼，他突然站住了："等一会儿。"旋即折了回去。再下楼，他手里多了一样东西——一把手柄弯曲的破伞。他塞给我："你拿着。伞布坏了，但可以当拐杖用。"

这一次，是一老一少搀扶着走完了那条土路。过了梅园，我催他回去，他不放心，一直送到了枫园路口。我又催他回去，他执意仍往前送。一直到了枫园三舍的台阶处他才站定，不断叮咛："台阶滑，慢着点，慢着点。"

走到一舍门口，我回头看，他还在路灯下目送着我，风很大，纷纷扬扬的雪花扑打着他，肩上、帽子上已落了厚厚一层……

20多年过去了，自己已从青年步入了中年，其间走过了多少路，实在记不清了。但珞珈山腰那条土路，始终如影历历。耳畔，也始终回响着恩师那款款的广西口音！

（原载《人民日报》，2012年10月22日）

"始"字背后

张　爽

30年前，一个意气风发的少年即将大学毕业，离别之际，他来到珞珈山顶，花了整整3天的时间，在一块石头上刻下了一个大大的"始"字，寓意"千里之行，始于足下"。

如今，当初的少年已是中国泰康人寿保险公司董事长兼CEO，他就是武汉大学第三届杰出校友——陈东升。

时隔28年，怀着一份好奇与敬佩，校长李晓红亲自陪同陈东升来到珞珈山顶，寻找那块刻着始字的石头。经历了28年的风霜雨雪，那块大石头还在那里，虽然被磨去了些许棱角，但"始"字清晰如故。氤氲的雾气中，陈东升在石头上认真雕琢的样子仿佛就在眼前。

陈东升就读于武汉大学经济系，大学期间，正值青春年少的他，和三五知己指点江山，激扬文字，得了个"逍遥学派"的雅号。他还发起成立了蟾蜍社，蟾蜍就是癞蛤蟆，人们都说癞蛤蟆吃不了天鹅肉，他偏不信，就是要做出别人做不到的事情。

1983年毕业后，陈东升进入国家对外经济贸易合作部，后又成为国务院发展研究中心《管理世界》杂志社常务副总编，期间他首创了"中国500家最大企业"评价，在企业界影响深远。1992年邓小平南巡讲话后，他毅然投身商海，成为"92派"企业家的典型代表，创建了中国嘉德国际拍卖有限公司，这是中国第一家具有国际概念的拍卖公司；1994年，他一手创办了北京宅急送快运股份有限公司，成为中国最具竞争力的快递企业；1996年，他又创办了泰康人寿保险股份有限公司，如今，泰康人寿已经成为中国第四大寿险公司，并在保险业界创造了多项第一。

"最好的创新就是率先模仿"，陈东升的这句话已经成为中国管理界的经典名言。

2011年6月6日，事业有成的陈东升再次回到母校，为即将到来的120周年校庆送上一份厚礼。早在年初，陈东升就曾对校党委书记李健表达了想为母校捐款建造艺术博物馆的意愿，这一次，陈东升正式决定个人捐款1亿元给武汉大学，专门用来建造艺术博物馆。

"生我的是母亲，育我的是母校。我要为母校建立一个校史、学术、艺术三位一体的艺术博物馆，把它建成武大的百年经典建筑，让它几百年都能教育我们武大人以武大为荣，以武大为傲。"这番在捐建协议签字仪式上情真意切的话，让所有人为之动容。

消息传来，那块刻着"始"字的石头也成了珞珈山顶最别具一格的风景，吸引人们纷纷前去参观。

"千里之行，始于足下"，陈东升不仅把"始"字刻在了石头上，更刻在了自己的心里，这是他的人生态度，"大事要敢想，小事要一点点做，伟大的理想和成功都是一件件小事积累起来的。"陈东升以珞珈山为起点，志存高远，脚踏实地，一步一步地走向了自己事业的巅峰，走向了人生的康庄大道。

　　而那个印刻在珞珈山上的"始"字，不仅成了陈东升与武汉大学之间最牢固的纽带，也指引着万千武大学子思考人生，激励着他们奋勇争先，自强不息！

　　　　　　（原载《武汉大学报》，2011 年 10 月 21 日）

一家七口的武大情缘

其父是名扬海内外的经济学学者董辅礽，其夫王小凡是海外华人生物学界的领军人物之一，她本人是今年新晋美国科学院院士。包括她在内，家族中共有 7 位武大校友，专业分布经济学、医学、植物学、生物学、数学和农学等，真正的书香门第，学人之家。

2012 年 6 月 29 日，美国分子生物学、植物生理学家、杜克大学生物学系终身教授董欣年回到母校武汉大学，为学子带来一场植物学的专业讲座。

单色的短袖衬衫、棉布长裙、平底鞋、双肩包，董欣年的行头非常"路人"，带着与父亲董辅礽神似的圆脸和带笑的神情，董欣年讲述了学人之家一家七口的武大之缘。

董辅礽是中国著名经济学家，有"一代经济学大师"之称，他对中国资本市场的理论研究和政策研究造福后人。1946年他考入武汉大学经济系，后赴前苏联学习后回到武大教书，将一生最好的时光献给了武大。而董辅礽的妻子刘蔼年也毕业于武汉大学，后来成为著名的眼科专家，获得国家发明奖和多项奖励。两人正是在珞珈山上经过 7 年爱情长跑，情定终身。

巧的是，1978 年，他俩将长女董欣年也送到了武汉大学生物系，"那时他不希望我们念经济，因为这行需要用思想说话。在'文革'中他受到过非难，他希望我学自然科学"。之后，董欣年的弟弟董欣中也考入武汉大学，目前他是美国约翰霍普金斯大学神经生物学教授。

"我还记得父亲从北京送我来武大读书，拖着行李走在那条樱花大道上"。父亲带他去看自己做地下党时格外关注的"六一惨案"学生被枪杀的地方，还替她挂蚊帐，被手脚麻利的同屋同学们善意取笑。从此同学的印象中，她有个溺爱她的父亲。

更巧的是，在这里，父母的恋爱故事又在董欣年身上重演：她在这里遇到了后来的丈夫、同念生化专业的王小凡。"爸爸是学校的学生自治会主席，他那时已是讲师，很快将刚入学的妈妈'捕获'。28年后我和小凡相遇，场景重演。他那时是学校学生会的副主席，入校不久我俩就在运动会上第一次见面。我说了些什么，他回头看着我笑，他那个笑的模样现在都没变"。

后来夫妻俩双双留学美国，目前都在杜克大学，王小凡任教于药理系，在癌症生物学方面取得了令世人瞩目的成绩。董辅礽后来患上癌症，夫妻俩还接父亲来美治疗，但董辅礽不幸于2004年在美去世。

董欣年介绍，除了一家5口，他的舅舅毕业于武大数学系，姨妈毕业于早期的武大农学院，现在在华中农业大学。由于母亲是地道的武汉人，家中还有不少亲戚留在武汉，2007年他们专门为父亲在武汉石门峰名人文化公园安了家。

2012年5月1日，董欣年意外地接到了来自美国院士大会的电话，她被告知自己已被推选为美国科学院院士，根据美国院士选举体制，直到最后一刻，被推举人并不知情。

　　"对我来说，家庭是第一位的，做饭、带孩子是作为一个妻子的重要使命"，董欣年告诉记者，她甘之如饴，"做科研回家后有点家务可干，是非常好的调节，挺快乐的"。

　　"我俩专业相通，常在一起探讨，真是有说不完的话，对婚姻来讲这很重要"。无独有偶，王小凡在之前接受媒体采访时也说，我知道欣年有很强的愿望做自己的科学，她也有能力，作为丈夫，我当然支持。

　　又是一个巧合。在董欣年之前，父亲董辅礽对妻子的珍爱也是平等的，如果刘蔼年工作忙，董辅礽便主动在时间上和条件上为她让路，全力支持她的工作。大名鼎鼎的经济学家董辅礽，在家里买菜、做饭，什么家务活都能拿得下来。

　　"两个人应该尽量互相帮助，实现对方的梦想，这才是夫妻感情的基础。"董欣年说。

（原载《长江日报》，2012 年 6 月 30 日）

浪漫传奇

时光流转，情怀依旧，

一所大学，谱写出美好的心灵诗篇。

当代李赵

叶　辉　苏者聪

　　"梳洗罢，独倚望江楼。过尽千帆皆不是，斜晖脉脉水悠悠。肠断白蘋洲。"温庭筠的这首《忆江南》一度成为沈祖棻同学和密友善意调侃她的武器，因为沈祖棻寻找爱人的过程中，在"过尽"的芸芸众生中，一眼在"千帆"中看中了意中人，他就是正在中央大学读书的湖南才子程千帆。

　　"出当代大师之门，为世间才子之妇"，沈祖棻和程千帆被称为"当代的李清照和赵明诚"，他们的结合堪称天作之合，是千古难觅的佳偶，夫妇俩40余年诗词对答，琴瑟和鸣，成就了中国文学史上的一段"李赵"佳话。

　　李清照有赵明诚，沈祖棻有程千帆；李清照有《漱玉词》，沈祖棻有《涉江词》，两位才女都曾拥有美满的婚姻，但她们也都经历了战火频仍、颠沛流离之苦。"文章憎命达"，不经劫难，难成佳作，李清照如此，沈祖棻亦如此。

　　"文革"时期，沈先生因为程千帆错划"右派"而辛苦地支撑着整个家庭。当十年浩劫终于过去，沈先生却因车祸而猝然离世。《沈祖棻诗词笺注》是程千帆先生出版的最后一本书，沈程二人可谓"文章知己""患难夫妻"。

　　多少年之后，程先生每每想起沈先生来，依旧饱含深情。

在《涉江诗》里沈程二人为和李商隐而合写过一首《无题》：
"未卜他生别更难，燕飞花落到春残。青天可补情还老，碧海
能量泪不干。才过佳期星汉远，窃来灵药月轮寒。凤笺细写眠
蚕字，留作相思日后看。"世事难料，天各一方，怎能不让人
感慨喟叹！

　　（原载《光明日报》，2009 年 3 月 18 日，原文题为《沈祖
棻为什么辉耀当代词坛》，本书有删改）

多情人不老

拱岩颜

人生百岁已属难得，百岁夫妻更是世间少有。著名历史学家、武汉大学教授刘绪贻和夫人周世英都出生于 1913 年，是本报"海选最健康的百岁老人"活动征集到的唯一一对百岁伉俪。

说起父亲年轻时频频"为爱痴狂"做出的惊人之举，大女儿刘东仍津津乐道。

刘绪贻和夫人相识于高三那年，刘绪贻和夫人分别成为各自学校"高中毕业同学联合会"的代表。刘绪贻曾这样描述："这是我平生接触到的第一位文化水平与我相似、具有一定工作能力、形象又很动人的现代女性，我逐渐对她产生了爱慕之情。"

爱情成了刘绪贻前半生的主题。由于家境贫寒，刘绪贻只好去读有公费的南京军需学校。但周世英不愿嫁给军人，于是刘绪贻放弃公派留德的大好前程、冒着被国民政府通缉的危险，偷偷溜了。他孤注一掷，成功考上了清华大学的公费生，成为湖北高中毕业生中的首个清华公费生。

"我爸当时在清华园，听说我妈是武大生物系的'系花'，有很多人追求，他就坐立不安"，刘东笑言，"害了'相思病'，两门功课不及格，把公费生的资格弄丢了"。

毕业后，立志做学问的刘绪贻有两个机会可以留在大学，要么给系主任陈达做助教，要么跟费孝通从事社会学研究。他不顾费孝通的劝阻，毅然放弃做学问的机会，离开昆明，奔赴正遭日机频繁轰炸的重庆，去"投奔"4 年一直没机会见面的女友，做了一名公务员。

已经结婚 70 多年的两老从未红过脸，相敬如宾。

周世英是典型的贤妻良母，事业上全力支持，生活上体贴入微。刘东告诉记者，父亲的著作几百万字，定稿大部分都是母亲一笔一画代为誊写的。每天母亲都会帮父亲整理资料，把相关文章从报纸上剪下来，分门别类贴进本子里。

父亲也对母亲呵护有加，每次吃饭，一道菜转到面前，父亲都会先夹给母亲，然后自己才吃。

当记者来到刘绪贻家，老先生正坐在书房的电脑前打字，老夫人虽然因病卧床，手里也拿着一本书在看。年过百岁而笔耕不辍、手不释卷，令人惊讶、感佩。

（原载《武汉晚报》，2013 年 10 月 7 日，原文题为《"多情人不老"成就百岁伉俪》，本书有删改）

武大"文青"的浪漫爱情

西 隐

　　1972 年，大学第二次招收工农兵学员。刚满 20 岁的刘亚洲，被军队选送到武汉大学外语系英文专业学习。

　　刘亚洲在连队时就喜欢写诗作文，被称为"小秀才"，进入武大后，他对文学的兴趣越发浓厚了，有不少出自他手的"手抄本"在同学中传阅。求学期间，他正式写作的第一部长篇小说是《陈胜》。这部作品尽管在 1977 年由湖北人民出版社出版，但在刘亚洲看来，却是一个不成功的处女作。他的爱人李小林也不欣赏，说该书"不能读 10 页以上"。

　　刘亚洲的爱人李小林是李先念的女儿，当时也在武汉大学外语系读书，是该系的高材生，喜欢文学。因为父辈的渊源，刘亚洲和李小林早已相识。他们在武大校园里重逢，共同的爱好燃起了爱情的火花。

　　刘亚洲后来回忆说："（20 世纪）70 年代在部队当战士，我就能把小妹（指李小林）的一切几乎准确无误地说出来。在武汉大学遇见她时，我已明白，这桩天定的婚姻是躲不掉的了。记得是 1974 年的一个深夜，我被爱情折磨着，一个人在宿舍的平台上徘徊。忽然我预感到小妹就在附近，就在那簇黑黝黝的树丛里，于是我就走了过去。里面果然有个人，但模糊一团。我连半点也没有犹豫就把那个人拉过来。咦，果然是小妹!"外界传说,《陈胜》出版后,刘亚洲用稿酬买了一辆凤凰牌自行车送给小林。

1979年3月,刘亚洲和李小林结为伉俪。婚后不久,李小林负笈美国洛杉矶大学攻读美国历史,两人情深意笃,鸿雁传书,非常恩爱。李小林获得硕士学位后又在中国驻美国使馆工作了两年半。现在李小林在中国对外友好协会工作。

1975年,刘亚洲从武汉大学毕业,被分配到民航北京管理局(首都机场)宣传处工作。当时民航隶属空军,属于军队编制。

1979年,民航与空军脱离,刘亚洲被调往空军政治部联络部一处,任干事,从事对外国空军的调研工作。

这期间,刘亚洲利用工作之便,大量阅读外刊外报,内容涉及政治、军事、历史、文学等,掌握了相当多的西方军事动态和军情数据,视野一下子得到了拓展。刘亚洲在多年之后回忆这段经历时仍是感慨不已,因为正是这段看似不着边际的阅读和调研,奠定了他日后研究军事战略的基础。

（原载《中国高层文胆》杂志，2008年1月1日）

磨难中的平民爱情

陈俊旺 徐 燕 曹南燕

1994 年，武大博士生导师周嫦突患脑血栓中风，右体瘫痪。她的老伴、中科院院士杨弘远在完成自己艰巨的科研课题的同时，十年如一日地对她细心照料，使身为生物科学家的老伴焕发出"第二次青春"，用左手画出大量画作、出版大量文学和童话作品。

1956 年，周嫦作为首批留苏学生学成回国，分到武大生物系任教。当时，杨弘远在武大毕业留校，被派去车站接周嫦。

两人在共同的追求中产生感情。1957 年，杨弘远的母亲、作家袁昌英被划为"右派"，周嫦却义无反顾地选择了杨弘远，1958 年二人结婚。

两个女儿已定居美国，家里只有老两口为伴。周嫦瘫痪后，杨弘远既要护理老伴，又要搞科研教学，同时还要保重自己的身体。

杨弘远跑到汉口为老伴买中药，回家亲手煎制。神经受损，周嫦夜不能寐，他便找些宁静的轻音乐，让优美柔和的音乐助她入睡。

杨弘远从不赞美别人，今却一反常态，只要周嫦的康复有好转，他就赞赏："大有进步！"周嫦也会心地笑："嗯，大有进步！""大有进步"是老两口愉快的口头禅。周嫦坚持不要老伴扶，忍痛自己艰难地挪腿，坚持上下午都下楼锻炼，老伴只需5分钟走完的路，她要走1个多小时，但她从不放弃，还鼓励老伴也来锻炼。

蜗居家中，周嫦很想让老伴多陪陪她，但他太忙，她只好每天送他出门，站在阳台上目送他远去。

右手瘫痪，周嫦丧失了书写能力。经老伴鼓励，她学着"开发"左手，上百次的失败后，终于能左手吃饭、穿衣、穿戴鞋帽、洗脸、漱口、吃饭……紧接着，她便用左手练字，只靠左手稿纸都扶不住，握笔更不行，笔画东倒西歪，只好从"一二三"练起。先用铅笔、再用钢笔。半年后，她终于能左手写一手端正美观的钢笔字。

一个生物学家开始展现其文学上的天赋了，她写出散文《从容面对病残》、《宝石花：生活中的强者》等，写出《访美归来谈绿化》、《杜绝"广告作品"》等关注社会的短文。每稿写成，杨弘远便第一个读。文章先后在《芳草》、《科学时报》等报刊上发表。

2001年二人合著100多万字的《植物有性生殖实验研究四十年》，获中国图书奖。

她又想学画。杨弘远感到绘画有助于她从病痛中解脱，四处帮她选画书、画笔、画纸，称她为"左手临摹画家"。

2002年，周嫦将作品汇成《病后杂感》，附上16幅左手临摹的画作。浙江大学出版社闻讯赶来联系，将书名定叫《微笑面对现实》。远在美国的女儿结婚，老两口的贺礼，是一幅二人合作的画。

1999年周嫦迷上了写童话。年届七旬、病残的生物学家能写出生动活泼的童话吗？

周嫦写出了，在《龟兔赛跑三步曲》中，她让乌龟利用现代科技，在长跑中战胜了兔子，古老寓言有了科技内容；她还展开丰富想象，讲植物界的童话，揭示植物成长的奥秘……几年下来，她共写出 34 篇童话。

周嫦说："写童话时，我的心就回到了童年。我不追求畅销效应，只想给孩子们讲讲科学故事，让他们从中汲取养分。"

浙江大学出版社将童话编成《冬菊与宝石花———科学家讲故事》，杨弘远作的序。

1997 年春天，杨弘远问周嫦想不想去磨山，她怦然心动：病两年了，总只由别人扶着在家门口转，上山能行吗？经老伴鼓励，她和老伴及家政工阿姨去了磨山。

上山难，杨弘远推着轮椅缓缓前进；下山更难，杨弘远将轮椅调个头，慢慢退行，阿姨在后用绳子拉住……就是这第一次艰难的"旅行"，激发了周嫦出游的信心。

2000 年，在老伴及同事的帮助下，周嫦去北京玩了 3 天，此后又去了珠海、桂林。2001 年，她坐轮椅去了美国，深入美国东南部的溶洞，欣赏地下奇观。

坐轮椅游览，成了景区一道独特风景，感动了好多游客。一次，二人到洪山广场赏菊，一青年主动为他们拍照，几天后寄来相片，附信说："碰到二老是一种幸运，你们展示了真正的爱情，那天正是我跟女友面临决裂的日子……"

年过古稀的杨弘远已痛下决心退出第一线。但他并没闲着，他把 50 年来发表的文章结集为《勤思集》出版。

老两口常在阳台上休息，有时讨论严肃的科研，有时天南海北地随意聊，有时又高兴地谈女儿。回首患病 10 年，周嫦说：“病前，我忙于工作，生活充实愉快，我很想回到那种生活！但疾病无情地把我从轨道中甩出来，经历了抗争、痛苦与彷徨后，我不得不寻找新的出路。这一切，都是老伴作我最坚强的后盾。”

（原载《长江商报》，2004年5月18日，原文题为《一对老教授夫妇磨难中的平民爱情》，本书有删改）

爱情如樱花绽放

张彤霞　黄一凡

　　快到二老家的时候，天降小雨。那栋位于北三区的公寓，在树阴的遮蔽下，安详而静谧。

　　开门的是陈老，干练爽朗的她让人很难想象是一位古稀老人。不大的客厅，东西摆放得井井有条。招呼我们坐下后，陈老轻唤一声"福邦"，不一会儿，便见白发苍苍却又神采奕奕的宗老缓缓走出书房，笑着与我们点头。品着香茗，二老讲起了故事……

老式爱情，别样的浪漫

　　宗福邦和陈美兰都是广东人，进大学之前他们并不相识，但当时填报的志愿都是"北大，武大，中大"，这不得不说是一种缘分。而这段缘，一结便是半个世纪。

　　宗福邦 1955 年进入武大，1959 年毕业之后留校任教，陈美兰是比他小一届的学妹，但因为学制是五年，再加上中间作为划船运动员参加比赛，直到 1962 年才毕业留校任教。既是同乡又是师兄妹，在求学期间互生情愫应该很正常，然而，大学时代的他们很少说话，见面也就是打个招呼，彼此并不是很熟悉。

性格外向、活泼的陈美兰大学期间积极参加各种活动，是学校里的"风云人物"；内向、沉稳的宗福邦则低调很多，大部分时间都花在了自习室。1962年，陈美兰毕业留校任教，成为同事的他们有了进一步接触。在朝夕相处的日子里，他们被彼此的真诚所打动，渐渐走到了一起。当时陈美兰住在湖滨一舍，宗福邦住在湖滨三舍，每逢周末，他们便徜徉于东湖之滨，谈生活，谈人生，谈对周围世界的看法；或是在周六的晚上带上小板凳到梅园小操场看电影。陈老说，当时就是这些活动，再没有其他的娱乐了。

说起来，宗福邦还算是陈美兰的"第一个学生"。刚刚毕业的陈美兰为了讲好第一次课，便请宗福邦听她试讲。空荡荡的教室，陈美兰在讲台上认真地讲，宗福邦在下面仔细地听，从刚刚毕业的女大学生到深受学生欢迎的教授，她教师生涯的点点滴滴，他一路见证。

结婚之前，时逢陈美兰生日，宗福邦将在家乡的中山大学采摘的红豆，连同那首著名的"红豆生南国，春来发几枝？愿君多采撷，此物最相思。"送给了陈美兰。回忆起这段往事，陈老记忆犹新："当时他是用手帕包着送给我的"，脸上洋溢着幸福的微笑。宗老更是打趣地说："这在当时不敢说啊，会被认为是小资产阶级情调。"

1964年，两人登记结婚后回到广州。当被亲友们问及"何时举办婚礼"时，他们推说"暑假回去就办"；返校之后又告诉同事婚礼已在家乡办过，只是请同事们吃了点喜糖，甚至连结婚照片都没有拍，两人年轻时唯一的合影，还是他们在东湖边闲坐时被一位同事抓拍的背影。但对他们而言，那些都不重要，只要有爱就足够了。

纵使艰辛坎坷，依然相濡以沫

　　结婚之后，宗福邦搬到湖滨一舍。在那间仅有十几平米的小房间里，他们一住就是十三年。然而也就是在那个时期，二老经历了人生中的一段低谷。

　　"文革"期间，整个学校的教学科研全部停止。时任所属教研室党支部书记的宗福邦被迫每天在校内劳动。陈美兰虽然受到学生管制，但因为与学生关系很好，并没有受到太大冲击。无休无止的学习、批判，使得两人心情极度压抑，但即使这样，他们依然相互鼓励，相互扶持，不离不弃。陈老说："劫难不会动摇我们之间的感情……大字报、批判，不能动摇对一个人的最根本的看法，我太了解他了。"在那个"儿子揭发父亲，妻子揭发丈夫"的年代，他们丝毫没有怀疑过对方，正是这种无条件的信任，让他们在爱的温情中，坚强地走出阴霾。苦难愈深，感情愈坚。

　　在那段日子里，宗福邦曾感到前所未有的迷茫，认为学校是个大染缸，总是洗不干净，还不如到海南岛去，好好改造自己的世界观，净化自己；而陈美兰却难以割舍已打下的事业根基，想留下来做点实事。两个人在这件事上产生了分歧。最终，出于对事业的不舍，对武大的留恋，他们选择留下，这一留又是三十年。其间，面对家乡名校抛出的橄榄枝、亲戚朋友的劝说、定居香港的诱惑，他们都只是微微一笑，却从未真正动摇过。

　　"文革"之后，各种教研项目重新开展。1985 年，宗福邦开始作为主编编写《故训汇纂》。最初预计十年左右就可以完成，但由于各种原因，直到 2003 年，《故训汇纂》才正式出版。

宗福邦坦言，三十年的时间里，他的科研精力基本都花在了《汉语大字典》和《故训汇纂》上，其他的成果出得不多，也没有什么外快。陈美兰的工资比他高，名气似乎也要大些，就连学生的孩子也曾对他说："陈奶奶要比你有名些！"对此，老两口显得很坦然，"都是在高校当教师，不太把钱看得很重。"虽然陈老是一位颇受学生欢迎的教授，口碑相当好，如果多到外面讲讲课，可以多赚不少钱，但她没有这样做，而是专注于自己的科研，希望能够做点实事。

古稀之年：执子之手，与子偕老

陈美兰思想活跃开放，能和年轻人打成一片；宗福邦则比较保守，"甚至有些迂腐"。性格迥异的他们能够几十年风风雨雨携手走过，心灵的交流与相互的理解也许是婚姻幸福美满的秘诀。

每天茶余饭后，二老都会聊聊天，常常坐在饭桌旁一聊就是半个小时。和过去一样，他们谈人生，谈生活，当然也谈时事。宗福邦是个"电脑盲"，陈美兰操作电脑却已经很熟练。从网上获取的信息，陈老有时会和宗老"透露一点"。"只敢和他说一部分，不能都说，有的怕他接受不了！"陈老笑着悄声对我们说。

至今，二老依然保持着每天散步的习惯。去年，宗福邦患上了颈椎、腰椎疾病，医生嘱咐倒着走走对康复有好处。从那之后，陈美兰就每天陪着宗福邦爬上长长的坡，看护着他倒着走，生怕他被石头绊倒或被突然冒出来的汽车撞到。刚开始路人都盯着看，他们还觉得挺不好意思的，后来慢慢也就习惯了。一年多的时间，二老就这样日复一日地走过。每每走到珞珈山，陈美兰常会留心身边的一草一木，有时会惊喜地发现"这棵树还在这儿呢！"当纤细的小苗长成参天大树，岁月的痕迹已爬上他们的面庞，回头一看，爱依然如故，有珞珈为证。

（原载《风景名胜》杂志，2010 年第 8 期）

"金牌"伴侣

钱　倩　王泊雅

　　资源与环境科学学院教授杜予民和化学与分子科学学院教授张俐娜夫妇，是一对"金牌"伴侣。在他们的指导下，武大夺得全国"挑战杯"大学生创业计划竞赛两枚金牌。

　　20多年前，杜予民、张俐娜夫妇先后从日本研修回国，此后一直投身于可再生资源天然有机高分子材料的研究。他们夜以继日地工作，几乎没有双休日、节假日和寒暑假。他们每天的日程大多围绕三个地方：教室、实验室和家。简单的早饭后，就来到各自的实验室，为了工作的连续性，夫妇俩的生活节奏要比别人慢一拍。午饭经常要推迟到一、两点，晚饭经常是七、八点。

　　有时，晚上七、八点，张俐娜实验室的电话响了。大家一看显示屏就知道是杜予民打来的，而张俐娜往往是接了电话，说一句："好好，你先吃，我待会回去。"然后继续留在实验室，直到工作完毕才回家。夫妇俩不仅吃饭吃得晚，睡得也比别人迟。晚上，他们或看书，或讨论课题，或批改学生论文，直到深夜12点。

　　杜予民和张俐娜唯一的消遣，是在宁静的校园内散散步。他们手牵着手，一边走一边交谈，这短短的半个小时是他们交流经验的最好时光。然而这看似轻松的时刻，两人的话题仍然离不开科研。

杜予民指导的团队主要研究甲壳素，张俐娜指导的团队则主要研究纤维素。也许是因为研究领域同属生物质范围，这使分属不同学院的两个团队联系格外紧密。

"多交流才能取长补短，互相促进。"杜予民是这样说的，也是这样做的。两个实验室不仅实验仪器、设备共享，思想情感也是"共享"的。张俐娜的博士生吕昂说："我们两个实验室经常互相参加彼此召开的学术报告会，也经常请教杜教授或张教授问题。"

夫妻俩的社会责任感都特别强。张俐娜是全国政协委员，杜予民是武汉市政府参事。两人在学术探讨之余，也讨论参政议政的事。张俐娜在北京参加全国政协会议时，总会打电话给杜予民，一起谈论国家大事。

对待学生，他们就像对待自己的孩子一样。2005 年 12 月，趁着到美国参加会议的机会，夫妇俩去儿女家看望思念已久的小孙子和外孙。每家只呆 3 天就匆匆回国，面对孩子们的挽留，教授俩给出的理由是："实验室还有很多事情，放心不下学生。"

活跃在教学科研一线的这对夫妇，和学生们在实验室长期相处建立了深厚感情。他们的儿子曾说："做你们的儿子还不如做你们的学生。"两个实验室在年终时总会聚在一起吃饭、唱歌。此时，杜予民和张俐娜会兴致勃勃地一起演唱日本歌曲。每当博士生答辩完后，两个小组都会举行一些活动，或者一起旅游，其乐融融。

（原载《武汉大学报》，2007 年 5 月 25 日，本书有删改）

"雷公电母"

饶　超

　　他们都是新中国成立初期，毕业于清华大学的高材生，后来一起到武汉参加工作，并取得举世瞩目的成绩，双双获得崇高荣誉。他们携手共度 50 多年、被人们亲切称为"雷公电母"。他们就是武汉大学教授解广润、陈慈萱伉俪。

　　在清华大学读书期间，解广润与朱镕基是同班同学。1950年冬天，为了声援抗美援朝战争，清华学生停课到农村做宣传，表演花鼓戏、歌剧白毛女等。可惜，清华大学的女生较少，解广润所在班级更是连一个女生也没有。没有女生参与，歌舞剧如何能够进行？解老当时是清华大学民间歌舞社的负责人之一，于是他找到班长朱镕基，请他到低年级借调一些女生。

　　借调的这些师妹中，就有一位刚进校门的上海姑娘陈慈萱。当时她和解广润分到一组，排练新编《凤阳花鼓》。在排练的日子里，"学习王牌"解广润给陈慈萱留下了很好的印象，解广润的同学也经常在小师妹面前帮他做宣传。于是，从农村回来后，解广润经常约陈慈萱到图书馆自习。随着两人的逐渐了解，彼此互生好感，可聪明的解广润在爱情表白上却束手无策。

正当此时，朝鲜局势日渐紧张，解广润所在班级也召开大会，号召大家参加志愿军抗美援朝。热血沸腾的解广润一跃而起，当即报名参加。此时的他心潮澎湃，就把陈慈萱约出来，告诉她这一消息。"我就要上前线了，要不我们把关系确定下来吧！"芳心暗许的陈慈萱答应了他。然而，有关部门随后又下了一道命令：所有理科生不许上战场。于是，解广润没能当上志愿军，却当成了陈慈萱的男朋友。

1953年，解广润以优异成绩从清华大学提前毕业，来到哈尔滨工业大学工作。陈慈萱也先后毕业于清华大学配电专业和哈尔滨工业大学电器研究生班。1954年，两人在哈工大结婚，从此成就了一段已经50多年的浪漫婚姻。由于两人学习专业相近，不仅在感情上成为终身伴侣，在事业上也能成为相互帮助的伙伴。

回顾两人的爱情经历，陈老还记得解老写给她的第一封情书："给慈萱同志：在科学道路上是没有平安的大道可走的，只有那在攀登上不畏劳苦不畏险阻的人，才有希望攀到光辉的顶点。谁只要肯认真地去做，就可以有很多成就，就能够出人头地。愿共勉之。"陈老笑着说："情书写在照片背后，那是他送给我的第一张照片。也正是这段话，让我坚定了自己的目标，以后在此事业上不懈追求！"

雷电作为常见的自然现象，给人类的生命和财产带来很大威胁。但几千年来由于对其了解有限，如何预防雷电也成为一大难题。作为电力专家，解广润和陈慈萱夫妇把目光对准了这头"难驯的野马"，决心研制出高效的消雷器。

1977年，他们提出了导体少长针消雷器，1978年又进而提出了半导体少长针消雷器。此项研究获得了中、日、美专利，列入了国家标准，并被国内外广泛应用。

鉴于解广润、陈慈萱夫妇在雷电领域所做出的巨大贡献，他们夫妻两人被大家亲切称为"雷公电母"。

（原载《楚天金报》，2011 年 2 月 13 日，本书有删改）

妙解人生方程

郭会桥

　　"我俩是读大学时谈恋爱，读研究生时学科交叉学习，一个学物理，一个学化学，属于跨学科的交叉研究。"武大有一对"80后"教授夫妻：丈夫廖蕾32岁，如今是武大物理科学与技术学院教授。妻子袁荃31岁，目前是武大化学学院教授。据悉，他俩是武大最年轻的教授夫妻。

　　"我俩是大学同学，但不是同一个班。"袁荃介绍，读大学时，她有个同班同学是廖蕾的高中同学，有次占座占到一起就认识了。"大学时谈恋爱，有个好处就是能互相鼓励着学习。"刚读大学时，廖蕾与很多男生一样，也爱玩电脑游戏，有时还从中午玩到晚上。"在袁荃的影响下，我才慢慢转向学术研究。"廖蕾笑着说，大学恋爱也能传递"正能量"。

　　袁荃说，读研时由于实验不顺利，有时会向廖蕾发脾气，他当时都是默默承受，"在我做化学实验时，他还帮着拍样本照片，帮着'出点子'，所以他对我读研帮助很大。"

　　这对"80后"教授夫妻坦承：在美国读书期间是最苦、最累的，也是收获最大的。廖蕾透露，他在美国读书时，就有同学把睡觉的帐篷安在实验室里，这样可以随时和导师交流。

　　目前，他俩在武大也做交叉的课题。"交叉会产生新的想法，如诺奖化学奖的得主，很多都不是学化学的。"袁荃说。

"我读书时就很喜欢武大，当时就想着只有做好了研究，才能留在武大教书。"袁荃鼓励学弟学妹：读书时要有自己的目标，要有强烈的进取心，多做些跨专业的学习，而做学术研究要耐得住寂寞。

（原载《楚天金报》，2013 年 10 月 16 日，本书有删改）

逸闻趣事

赤子之心，浩然之气，

一所大学，氤氲着别样的人文意韵。

五十之前不著书

有　庄

　　作为国学大师，黄侃的严谨治学、刻苦钻研精神是值得后人称道的。他常对人说："学问须从困苦中来，徒恃智慧无益也。"他以为"治学如临战阵、迎敌奋攻，岂有休时！所谓扎硬寨、打死仗，乃其正途。"每读，必正襟危坐，一丝不苟，白天不管如何劳累，晚上照常坚持鸡鸣始就寝，从不因人事、贫困或疾病而改变。有时朋友来访，与之纵谈至深夜，客人走后，他仍要坐在灯下校读，读毕才就寝。

　　民国二年（1913 年），他旅居上海时，穷困特甚。除夕之夜，街里爆竹喧喧，通宵达旦，而他却兀坐室内，一灯萤然，精心研读，不知困倦。直到晚年临终前，一面吐血，一面坚持将《唐文粹补遗》圈点批校完。

　　黄侃有一句经典名言：五十之前不著书。这句话半个世纪后还在武汉大学校园内广为流传，成为他治学严谨的证明。黄侃生前，章太炎曾多次劝他著书立说，但黄终不为所动。

　　1935 年 10 月 6 日，黄侃由于饮酒过度，胃血管破裂，抢救无效，于 10 月 8 日去世。黄侃去世时年仅 50 岁，虽未出版任何著作，却成为海内外公认的国学大师。

（原载《百科知识》杂志，2007 年 14 期，原文题为《国学狂人黄侃》，本书有删改。）

愤 而 辞 职

王瑞华　杨子发　李　勇

　　张继煦就任校长一年后，武昌高等师范学校改名武昌师范大学（武汉大学前身）。他首开新风，破禁招收女生，实行男女同校，混合编班。同时，创立旁听生制度。据《东方杂志》载：该校正式学生400多人，而旁听生达300人。学校改4部为8个系，废除学年制，采用学分制。允许学生在主修一门的同时，还可选修它系课程。学生取得满分，便可提前毕业。

　　为了培养有用人才，他广聘知名学者、教授、进步人士来校授课，同时开设一些新的课程。李汉俊主讲新课《唯物史观》、《社会学史》，曾吸引不少青年，有的从此接受进步思想，走上革命道路。张继煦积极倡导民主，让学生思想、言论有更多的自由。他还十分重视发挥学生自治会的作用。让学生会组织学生讨论时事，排演新戏，协理校务，监管伙食。取消学监和斋务长制度，让学生自己管理自己。在学校经费困难的情况下，他多方筹划，改建运动场、图书馆、讲演厅，修建校门、女生宿舍，力求办好湖北的这所最高学府。后来由于学生公费待遇长期得不到解决，经多方奔走，屡次碰壁，于1924

年夏，愤而辞去校长职务。

　　（原载荆楚在线，2003 年 4 月 28 日，原文题为《求实办学的教育家张继煦》，本书有删改。http://www.cnhubei.com/200304/ca255684.htm）

慧眼识珠

刘双平

新校舍建在武昌郊外的什么地方呢？李四光开始心中并没有数，正在他着急时，新校舍建筑设备委员会委员、著名农学家叶雅各说："武昌东湖一带是最适宜的大学校址，其天然风景不惟国内各校舍所无，即国外大学亦所罕有。"李四光听后如获至宝，他非常急切地要叶雅各一块儿去查看。

当年珞珈山一带属武昌郊区，荒山野岭，一片凄凉。从城里到珞珈山，不仅不通车，而且连像样的路都没有。这当然难不倒李四光，作为一个地质学家，他平时外出考察，所到之处大多是人烟罕至之地。不通车，他便和叶雅各自带干粮骑着毛驴出城。来到珞珈山下，看到这一带的东湖美景，李四光这位曾经到过无数山山水水的地质学家也陶醉了。他激动得从毛驴上跳了下来，紧紧握住叶雅各的手，一遍一遍地说："没有比这更合适的校址了，没有比这更漂亮的地方了，您真是慧眼识珠啊！"回去后不久，李四光又请新校舍建筑设备委员会的所有委员都来看，大家无不称好。一九二八年十一月，李四光主持了新校舍建筑设备委员会第一次会议，正式确定武昌东湖珞珈山一带为武汉大学新校址。武汉大学新校址就这样确定了。

李四光亲赴上海，聘请美国在华的著名建筑师开尔斯先生来设计新校舍。开尔斯先生到珞珈山一带查看，"亦力称该地为极好的校址，因为在建筑上讲，那一带都是些不甚高峻的山，山石可以利用，水的供给亦好，泉水、湖水都可用。"李四光请一个美国人来担任武汉大学新校舍的总设计师没有请错，开尔斯先生是一个精通中西建筑艺术的大师，他以中国传统建筑的精华——北京故宫为蓝本，根据中国传统建筑"轴线对称、主从有序、中央殿堂、四隅崇楼"的原则，巧妙地利用了珞珈山、狮子山一带地形，经过一年多的时间，完成了武汉大学新校舍的设计任务。今天巍峨耸立珞珈山下、东湖之滨，古朴庄重、轩昂瑰丽的珞珈山传统建筑群，都是聪明的开尔斯先生设计的。

（原载《武汉大学报》，2010 年 5 月 28 日，本书有删改）

巧改"珞珈山"

佚　名

珞珈山与诗人闻一多有不解之缘。1925年闻一多留学美国归来后，在武汉大学担任文学院院长。一日清晨，开了一个"夜车"的闻先生，信步走出办公楼。好新鲜的空气！这时，晨曦初展，东边的天空露出鱼肚白，一个青翠的山峦在青白的晨光中显得格外秀雅、端庄。一会儿，天更亮了，红霞从山背后升起，将山头衬托得更加绚丽、庄严。这不就是一尊佛吗？闻一多看得入神了，心中油然升起虔诚。此时，做晨扫的校工正清扫到他的面前，闻一多问，这座山叫什么山？校工说，罗家山。好一个名字！闻一多先生兴奋地赞道。原来他将"罗家"听为"珞珈"了。

据《江夏县志》，此地名原为罗家山，唐代开国元勋尉迟恭在洪山读书时，小将军罗成访尉迟恭于罗家山。又据民间传说，此为楚王落驾处，故为落驾山。还有一个传说：观音菩萨有一次路过此山，落下袈裟一件，于是人们就把这座山取名为落袈山。才从国外回来的闻一多可能不知这些来历，他只知道，在佛教中，珞珈是观音的住地，全名为"补怛珞珈"。补怛珞珈山本在南印度。佛教传入中国后，人们在中国为观音找住处，找到的地方也叫"补怛珞珈"。梵音翻译，由繁变简，由音到义，"珞珈"名字也就出来了。

（原载《长江日报》，2007 年 10 月 27 日）

徐震要打朱东润

李伯瑶

近日读《劳生志略》一书，书中记载了一段有关徐哲东（震）先生与朱东润先生的轶事：

徐哲东先生是太炎先生的弟子，还练过武功。他在中央大学当讲师的时候，有一次中文系开会，请哲东先生舞剑，他答应了，舞剑的时候长袍子全身都作响。

朱东润先生当时在武汉大学教文学批评史。刘博平先生当系主任，学术思想比较守旧，认为文学批评可以不必修。徐哲东先生应聘到武大，人还没有来，刘博平先生就替他开列了传记文学研究，这是当时教育部选定的课程。徐哲东先生以前没有教过这个课，决定开设韩柳文研究。朱东润先生就开玩笑，写了一篇杂文，投到当时重庆的一个刊物《星期评论》上发表。朱东润先生的杂文说，大学里面也很特殊，传记文学怎么开出韩柳文研究来了？是不是把讲《郭橐驼传》和《永州八记》变成了传记研究？

徐哲东先生看到后很生气，说：他的嘴巴很巧，我可不会讲，但是我会打。我要打他，我打的人不是我治疗还治不好。朱东润先生就很狼狈。那时教室旁边有个教员休息室，两课之间可以在里面休息。只要徐哲东先生在里面，朱东润先生就不敢进去。后来徐哲东先生有个比较熟的朋友，是法律系的教授，好像叫刘经旺，湖南人。刘经旺是个好好先生，就劝徐哲东先生，他也就答应不打了。

徐震先生是学者，他的一生著述甚多。章太炎先生在为徐震先生《公羊榷论》所题词中说"得足下参伍比考，发见隐匿，真如排云雾而见青天矣"。

（原载《清远日报》，2012 年 4 月 19 日，本书有删改）

改变主意搞创作

徐正榜　余学煜　雷雯

叶君健回忆说："在中学读书的时候，我就开始写些短文章，在校刊或小报上发表。但真正写文学作品，在我说来，也就是写小说，那却是在武汉大学外文系二年级时开始的，也就是说在我 19 岁的时候。"

叶君健的"处女作"《岁暮》是用世界语写作的，此后一发不可收。到 1936 年毕业的时候，他已经写了相当数量的作品。毕业前夕，他从中挑选了十七八篇，结成一个集子，名为《被遗忘的人们》，成为世界公认的中国第一部世界语文学作品。

叶君健走上创作道路不是偶然的。叶君健在回忆创作道路时说："看到了一点舶来的物质文明后，很想学点当时我认为有用的知识，如数学、物理、化学和外语等，打算以后作点'科学救国'的工作。但新的情况使我改变了主意。""我有一种冲动，想把我心中的积郁的情绪写出来。"

促使叶君健改变主意的正是日本入侵中国！

促使叶君健更加坚定走创作之路的是他的系主任方重教授。1934 年 12 月 17 日，方重教授应邀在"总理纪念周"上作了一次题为《文学的效用》的演讲。那天阴云密布，寒气袭人。瘦弱的方重教授用愤懑和调侃语调开始演说，特别强调："在人类中，一个民族也应有代表那民族特性的民族文学。试问现在中国民族有没有这样一种文学？没有这个文学，我们全民族的意志、心灵将从何寄托？没有民族文学，我们民族要生存的意义何在？"

（原载《武汉大学报》，2006 年 3 月 3 日，原文题为《叶君健先生的武大岁月》，本书有删改）

胡适四次来武大

皮公亮

看到这个标题，你会很奇怪，大名鼎鼎的胡适怎么会到武大附小去？

这却是事实。我当时是武大附小二年级的学生，我亲眼看见他，并听他给我们小学生讲了话，《胡适日记》有记载；而且还有他参加欢迎会后，与我们附小全体师生的合照为证。

这是 1932 年 11 月的事。国立武汉大学珞珈山新校舍一期工程，是 1932 年 3 月建成的。学校由原武昌东厂口旧址全部迁到了珞珈山。校长王世杰邀请北京大学胡适、杨振声、唐擘黄三位教授来武大演讲。胡适是 1932 年 11 月 27 日到达武汉的。

王世杰校长独出心裁，在武大附小开欢迎会来欢迎北京大学这三位著名教授。1932 年 11 月 30 日胡适日记称："2 点，到附设小学欢迎会，擘黄、金甫和我都有短演说。对小孩子说话最难，金甫说一个故事最好，擘黄与我都不成功。"

已事隔七十七年，三位著名教授对我们讲些什么，我一点都记不起，但这次欢迎会我记忆犹新。因事先老师一再叮嘱我们，大学校长要带客人来我们学校开欢迎会，要我们一定守规矩。那天，我们都穿着整齐，会后还合影。

　　胡适在武大参观了学校。11 月 28 日胡适日记记载："雪
艇诸人在几年中造成这样一个大学，地址之佳、计划之大、风
景之胜，均可谓全国学校所无。人说他们是'平地起楼台'；
其实是批荆榛，拓荒野，化荒郊为学府，其毅力真可佩服。"
他还说："看这种建设，使我们精神一振，使我们感觉中国事
尚可为。"

　　这是胡适第二次来武大，他一共四次来武大。第一次是
1925 年，那时是国立武汉大学前身——武昌大学，石瑛是校
长；第三次是 1937 年，王星拱是校长；第四次是 1948 年，周
鲠生是校长。他对武大印象很好。1947 年 9 月，他谈到"我
主张十年之内先集中资源，经营五所基础最好的大学——北
大、清华、武大、浙大、中央大学"。

　　（原载《武汉大学校友通讯》，武汉大学出版社，2009 年
6 月，原文题为《胡适参加武大附小欢迎会》，本书有删改）

教授当死于讲堂

蒋太旭

"岂不闻士兵当死于战场，诚哉斯言！"在"乐山时期"求学、任教的马同勋教授对此有着刻骨铭心的感受。在武大寓所里，年逾九旬的马同勋先生回忆起恩师吴其昌感怀万千。

吴其昌当时是武大历史系主任，清华国学研究院第一期毕业，是梁启超和王国维两位国学大师的高足，一身学问，深受学生欢迎。当时，马老就是他的学生。

"吴先生当时教我们古代文学，当时没有教材，我们上课时所记的笔记成了唯一的教材，先生讲课时非常生动和精辟，先生是浙江海宁人，操一口江浙口音，他担心他讲的话学生不一定完全听得懂，所以每次下课时，先生都要将所有同学的笔记本收上去，带回去一一批改、更正后，再发还给学生，班上共有11位同学，他每节课均是如此。后来，先生发现我的笔记较全面，就把我的笔记本收回去细改后，作为范本，叫其他同学对照我的笔记订正修改。"

马老回忆说，由于劳累，加之生活清苦，吴其昌患了肺结核病，这在当时是不治之症，但他仍坚持上课，从无辍断，后病情越来越严重。"先生有时讲着讲着就会咯出一口血来，同学们劝他早点回去休息，先生却说：战士死在疆场，教授要死在讲堂,我已活了四十岁,如加倍努力,不就等于活了八十岁吗?稍事休息后,先生又振作起来,继续上课,我常常是噙着泪听先生讲课,受先生精神的鼓舞,愈加勤奋。"

1944年的一天,吴其昌照常拖着羸弱的病体走上讲台,课还没上完,就突然吐血不止。"当时已毕业留校当助教的我,急忙将老师背回家。没多久,先生就走了。去世时,先生正值英年。"

马老的书房里,至今供奉着恩师的遗照,在武大今年出版的武大百年名典中,吴其昌手书影印本专著《殷虚书契解诂》名列其中。

其实,在"乐山时期"的武大,像这样死于讲堂的教授又何止吴其昌先生一人。如机械系郭霖教授、哲学系黄方刚教授等也都因病劳而死。

(原载《长江日报》,2008年10月21日,本书有删改)

爱出难题的数学家

刘怀俊

汤璪真关心爱护学生，没有一点教授架子，他在成绩簿上记载着学生的家庭状况、学习进步等项，与他们保持联系，常帮助一些进步学生，使成"国家干城"。他经常与同学们讨论数学问题，他把"拉盖尔几何"（Laguerre Geometry）的研究张贴在教室里，引起同学们热烈讨论。1937年中央大学、浙江大学和武汉大学联合招生，这次"统考"数学由汤璪真教授命题，其中就有取自"拉盖尔几何"的"难题"。在乐山武大，一次全校数学水平测试，亦由汤璪真命题，据外文系杨静远（经济学大师杨端六和文学家袁昌英的女儿）学长回忆："18日考数学，四个大题，一题不会，真是一辈子没有碰到过这种霉头。回来都要哭了，这次题目是汤璪真先生出的，好本领，难倒这么多人。"

（原载《武汉大学报》，2009年2月27日，原文题为《数学家汤璪真》，本书有删改）

以 词 言 志

陈达云

　　永济师为人谦和，办事认真，平素不苟言笑。但在讲授词选和元曲时，感情深邃，眉飞色舞，鞭辟入里，引人入胜。有一次，他在讲温八叉（温庭筠）的《梦江南》时，稍加分析，操着湖南口音抑扬顿挫地反复朗诵"过尽千帆——皆不是，斜晖脉脉——水悠悠，肠断——白蘋洲"！接着望了同学们一眼："你们在长江或东湖畔多注意一下人们等待情侣的焦急表情，就懂得它的境界了。"大家立刻心领神会，不讲自通了。又一次，在剖析韦庄《女冠子》一词上阕时，说"四月十七，正是去年今日，别君时，忍泪佯低面，含羞半敛眉"，时间记得这样清楚，情思这样缠绵，两人之间的亲密关系，不是不言自喻吗？讲到下阕"不知魂已断，空有梦相随，除却天边月，没人知！"询问同学们："这种痴情是不是真的月亮知道而无人知晓呢？"大家众口一词："不会的！""那么，作者为什么这么写呢？"他进一步追问。课堂顿时沸腾起来，大家就议论纷纷，各抒己见了。

　　据传 1942 年著名文学家、乐山嘉乐纸厂董事长李劼人偶得几瓶佳酿美酒，特邀朱光潜、叶石荪、永济师和当地一些名流会饮，并谈诗论文。李素豪放喜饮，要一一与来客碰杯对喝，轮到永济师时，他说："我最近患胃病，遵医生嘱咐要禁止喝酒，改日奉陪好了。"李颇不悦，沉思一阵，说道："李太白在《春夜宴桃李园序》中说过'如诗不成，罚以金谷酒数'，刘君今日不喝酒，就改罚填纸三阕抵偿吧！"大家随声附和。他当即铺纸写下《浣溪沙》三首：

不见泉明洒葛巾，喜君豪饮气轮囷，相逢寒谷变春温。好筑糟邱聊作长，傀对酒国定称臣，不须持盏唱横汾。

三载江城似梦过，今宵风月足婆娑，且将酒盏压金戈。高点银灯看醉舞，漫凭鸾管写哀歌，只愁无计奈醒何！

止酒谁言惨不欢，我看人醉亦陶然，莫将醒醉作方圆。独把空杯原有味，得知天籁本无弦，泉明应识长公贤。

李阅罢，跷着大拇指，笑道："昔人写文章有倚马可待的传说，我未亲眼见过。今天刘君即席成章，我算大开眼界了，佩服、佩服！"引起一阵哄堂大笑，共欣永济填词之敏捷。

（原载《武汉大学报》，2010年4月2日，原文题为《刘永济师二三事》，本书有删改）

徐天闳唱诗

古远清

台湾散文家吴鲁芹回忆当年在武汉大学读书时，最难忘的是上《古今诗选》的徐天闳教授。他与其说是讲古诗，不如说是唱古诗。从进教室他就唱起，一直到下课仍余音绕梁。他讲课分析极少，大半时间是唱掉的。

他是一位最不讲究教学法的教授，但这无碍于他的博雅精深，听他的课实属享受型。且说当读到《长恨歌》"在天愿为比翼鸟，在地愿为连理枝"时，他几乎不能自己，本来是要讲的，却对着天花板唱了起来。唐宋诗人好像是他的老朋友，太白、子美、子厚、稼轩，他叫得非常亲切。一讲到"举杯邀明月，对影成三人"，他更是眉飞色舞，边唱边跳起来，以致影响了隔壁正好教学生如何做账的会计系教授，他前来抗议："徐教授，你再唱下去，我的学生就无法做账了！"

（原载《羊城晚报》，2011 年 3 月 16 日，本书有删改）

穷 教 授

马同勋

我们是在 1938 年 4 月全部搬到四川乐山的，当月月底就正式开学了。武大之所以选在乐山，很大原因就是当地物价便宜，民风淳厚。刚去时，一角钱可以买七八个鸡蛋。教授的待遇很好，分九级，第九级是三百块银元，第一级是五百块银元，也不用纳税，可以租繁华街上很好的大房子住。只有王星拱校长在很远的郊区买了一块地，盖了房，围起竹篱笆。不料 1939 年"八一九"轰炸以后，繁华区一带的房屋全部被炸光，很多教师无家可归，损失很大，王校长住得远，没事，我们都说他眼光长远，有忧患意识。

到 1942 年以后，物价飞涨，教师的生活每况愈下，生活就差了。当时流传着"教授教授，越教越瘦"，有的人门上还贴着"我已无家更何往？故乡少此好山河！"的门联。文学院教授、词学大家刘永济先生本来收入很高的，但到这个时候日子过得很艰难，只好到一个裱糊店里挂牌子："代客写字"，也就是卖字。他曾经写了一首《浣溪沙》的词来形容自己的情况，有这么几句："煮字难充众口饥，牵梦何补破残衣。"会计学教授戴铭巽先生，英国留学回来的，有肺结核病，大轰炸后家里什么都没有了，就搬到一个教授家里住了。他每天煮点饭，也不买菜，拿两个鸡蛋蘸酱油吃，吸烟就吸火车牌。火车牌的烟价格便宜，在那个时候被戏称为"教授牌"，因为教授是抽不起好烟的，只能抽这个。这样子维持生活还不够呢，他又挂了"戴靖会计师事务所"招牌，可是他为人耿直，不会交际，所以搞不来钱，生活依然困难，一直拖到1946年，他42岁的时候才结婚。（卢欢、黄海记录整理）

　　（原载《长江商报》，2008年6月20日，原文题为《激荡八年　武汉大学在乐山》，本书有删改）

"画学系"

方　成

学校生活最令人怀念了，至今我还会唱小学和中学的校歌。武大没有校歌，在珞珈山和乐山时学校歌队里唱的许多歌我就记得，会唱。

于是乎老师和同学也难忘，尤其是同学，从前随便闹着玩，现在进门也敢张口叫开饭，关系自不寻常。每逢春节，总要找几位老同学欢聚一番，把四十年前的老故事重温一遍，笑起来还是那么天真，露出一嘴假牙。

有时去四川，就到乐山母校旧址探望；去武汉也要上上珞珈山，看望老师和学友，像出门的闺女回娘家。我学的是自然科学，后来改行从事文艺，似乎和学校关系疏远了，其实并不如此。有人问我：

"你在哪个学校学的画？"

"武汉大学。"我回答。

"艺术系？"

"不，化学系。"

"哦，画学系。"

我学漫画确是在读化学系的时候。那是在乐山，我和几位同学——季耿、周钥、茅于榕、李金熹、张钟祺办了个《黑白》壁报,那时我第一幅漫画就发表在这个壁报上,每周出一期《黑白》,便有我的一幅漫画,署名利巴尔。壁报办了两年多,每期漫画不断,直到我渐渐学会这门艺术的一些基本技法。抗日战争胜利后,我凭这一点技法到上海改的行,孙顺潮也改为方成了。

我是喜爱化学的。在离乐山不远的五通桥,我在黄海化学工业研究社任助理研究员时,我的一个研究课题是探索盐卤中锶的含量。前几年我去五通桥采访,曾见到工厂把锶从盐卤中提炼出来。看到一袋袋雪白的锶化物结晶,心里说不出的高兴。这里含有在武大学来的知识产生的成果,对此我是终生难忘的。

（原载《武汉大学校友通讯：1983 年至 1984 年》,原文题为《怀念母校》,本书有删改）

苛刻的考试

欧阳春艳

我国结构力学一代宗师俞忽对学生的严格要求，让许多弟子记忆犹新。俞忽教学的最大特点就是平时练习很多，而且都是带思考性的，但奇怪的是，你考试的时候，那些平时见过的练习题就几乎都不见了，他会另外想出一些你没见过的题目。因此，在他手下的土木工程系学生考"结构力学"，考试成绩往往是一片红。据说，俞忽某次公布考试成绩，结果全班30多人中只有1人及格。

一个俞忽与弟子的有趣故事在学生中流传甚广：有一位离校工作多年的学生，每年都要回来补考一次俞忽的"结构力学"，但从未通过。有一次该学生自觉考得还可以，便到俞忽家中拜访，他问起考试成绩，俞忽坦然笑笑说"明年还得来"。

然而，即使是在这种严格得近乎苛刻的考试之下，当时的武大学生仍然能够坚持绝不作弊的原则。赵师梅教授考试时，总是把题目抄在黑板上，然后挥笔写上"Honour System"（无人监考）就头也不回地离开。可即使是没有人监考，学生们一样遵守考场纪律。

一次，著名历史学家吴其昌教授出了一道很难的考试题，学生中无人能答，但全班学生都情愿交白卷也不愿作弊。结果，那次考试全班学生都得了0分，全部要重修。

（原载《长江日报》，2008年10月21日，原文题为《不放过不合格学生》，本书有删改）

不言"章黄学派"

丁 忱

"章黄学派"之称，也不知源于何人。今天皆以章太炎、黄侃先生之学为一学派，似乎早已"约定俗成"了。

先生对此不以为然，多次谈到不应该称章黄学派。先生说，既有这一派，就必然有那一派，徒生纷争，大可不必。章、黄二先生研治的只是汉唐以来的传统之学，何以称之章黄学派？

有次又谈到这个问题时，先生举了个例子：清·江藩写了一部书，取名叫《汉学师承记》，有人劝他说，不如把"汉学"改为"经学"，不然会引起争议——因有自标学派之嫌！江藩未听人劝，不改书名，后来果然遭到反对、抨击——方东树写了《汉学商兑》，驳难《汉学师承记》，且对江藩的人格也进行侮辱。

历史上总有这样的事，观点的论争往往涉及人身的攻击。江藩为官时有贪污行为，自然就会被人抓住做文章。段玉裁虽是一个小小县令，却也大大贪污，不过他的《说文解字注》做得好，又不自我标榜为某派，所以也就没有什么人攻击他的人格，他反而受到许多人的敬仰崇拜。

章黄二先生继承汉唐学统，并发扬光大之，成就卓著，时人誉称"章黄学派",情固其然。而先生虽为章黄之学的继承者,却不言"章黄学派",适足见先生之远瞩高瞻、事理洞明。

（原载《黄焯文集》,湖北教育出版社,1989 年 11 月）

从烧饭小伙到一代名师
丁香空结雨中愁

　　黄焯是黄侃先生家的远房亲戚,先是在黄侃先生家里烧饭。抗战期间,黄侃先生离开武汉,留下黄焯看家。黄焯就开始大量翻阅黄侃先生的藏书,黄侃先生回武汉后,发现黄焯实为可造之材,就开始教他读书,终于成就了一代名师。

　　黄焯先是被中央大学聘为教授,后来到武大做教授。黄焯治学非常严谨,他曾经编了一本书,三万字收录了 20 篇文章,文章非常精炼,发前人之所未发。黄焯讲课非常有意思,他对学生说:"中文、古文学什么?学气,气成而理顺,气断则文断。学古文要高声朗咏。"黄焯教古文时就常常在课堂上高声朗读,而且时发感慨,"哎呀!亏他想得出来啊,否则,气就断了!"（根据李工真教授报告整理）

　　（原载汉网社区,2006 年 4 月 17 日,原文题为《武大名师》,本书有删改。http://bbs.cnhan.com/read.php? tid = 218159）

"学大汉武立国"

武汉大学 1928 年定名为国立武汉大学。旧时汉语的书写顺序是从右至左，按如今从左至右的习惯，"国立武汉大学"就成了"学大汉武立国"，读来慷慨大气，意味深长，甚是巧妙。

"学大汉，武立国"这一绝妙的巧合，是历史系教授吴于廑首先提出的。1950 年，在全校抗美援朝参军参干动员大会上，吴于廑以《学大汉武立国》为题作精彩讲演。他匠心独运，把"国立武汉大学"校牌由左至右倒过来读，变成"学大汉武立国"，既把武大校名和现实联系起来，又把历史和现实有机结合起来。他说，中国再一次面临生死存亡关头。为了保家卫国，振兴中华，我们必须学习大汉，以武立国，才能达到卫国保家、强兵富国的目的。师生员工听了他的讲演深受鼓舞，报名参军的人数迅速增加。"学大汉武立国"从此名满天下。

对"学大汉武立国"的理解，一般有两种，一种是像汉朝那样以武立国。使人想到那句"犯我强汉者，虽远必诛"的豪迈宣言。另一种是把"大汉武"连起来，就成了"像汉武帝那样立国"。汉武帝是位雄才大略的皇帝自不必说，这样理解也同样豪情万丈。

　　一个大学的名字倒过来读，也一样意味深长、磅礴大气的情形，恐怕在古今中外都绝无仅有。这也是武大学子一直引以为豪的地方之一。

　　（参考资料：萧致治《一代名师吴于廑》，原载《武汉大学报》，2005年4月29日；程荣《小编暑假带你校园游》，中国教育新闻网，2010年6月25日）

给周总理写信

金国雄

在武汉测绘学院被撤销的艰难日子，夏坚白仍密切关注国际测绘科学的发展动态，时刻不忘推动我国的测绘事业跟踪世界前沿。他自费订有很多英、德测绘方面的杂志，翻译了许多卫星大地测量方面的著作。卫星大地测量在国际上刚开始出现，夏先生便组织人员编译最新的英文专著《卫星大地测量学概论》和德文专著《卫星大地测量方法》。他约请了在武汉各高校任教的几位原武测大地系的教师，在艰苦的环境下一同翻译。这是我国卫星大地测量方面最早翻译过来的专著，对卫星大地测量学在我国的发展起到了很大作用。夏先生在卫星大地测量领域的研究，开拓了我国测绘事业发展的新领域。夏先生抱病夜以继日地翻译校对，期望这两本书能早日问世。遗憾的是，夏先生他没有等到这一天。

1955 年初，夏坚白教授等人向国家提出了筹建测绘高等学校的建议，当年 6 月国家即批准筹建武汉测量制图学院。"文革"中，武汉测绘学院被迫撤销，夏坚白虽然身处逆境，但他对自己的遭遇泰然处之。他看到世界测绘科学的迅猛发展，对测绘事业遭到的严重破坏忧心如焚，为我国测绘事业的未来担心。强烈的责任感趋使他为恢复国家测绘局、重建武汉测绘学院而不顾年老体弱，四处奔走呼吁。他奋笔上书，给周总理写信，并向郭沫若、周培源等中科院的科学家们频频发出呼吁。经他的努力，1974 年终于使武测得以重建。

　　（原载《武汉大学报》，2003 年 12 月 12 日，原文题为《奖掖后学》，本书有删改）

舞枪弄棒

李汉鑫

父亲年轻时曾经吃过很多苦，求学时为了省钱买书，曾经长期不吃早饭，16岁开始就靠做代课老师养活自己。上高中时他给初中生上课，上大学预科时就给高中生上课，很是辛苦。但是他的身体一直很好，与人交谈，声音洪亮，中气甚足，且动作敏捷，快步如飞。这与他平时喜爱武术，注意锻炼身体是分不开的。父亲文理兼长，多为世人所知，但他对武术的喜爱却是鲜为人知的。

父亲年少时在广东老家学过南拳，在中山大学读书时又业余学习了少林派的六合拳术及器械。他长期坚持锻炼，从不松懈。有时工作疲劳了，只见他立起身来，扎下马步，接连几个招式，竟让人目不暇接，70多岁时，单腾飞脚还踢得呱呱叫！原武汉大学党委书记、后任高教部副部长的刘仰桥同志曾经送给父亲一口清代骑兵将领传下来的宝剑，重10余斤，父亲非常喜爱。他时常早上起来，手握龙泉，指天划地，劈、撩、斩、刺，运用自如。

我们在父亲的影响下都很注意锻炼身体，我们在院子里自制了单杠、杠铃，每天在哥哥们的带领下锻炼身体，星期天大家就一起去爬珞珈山。而对武术，以我和大弟行健最为喜欢。

我 10 岁时父亲就教我站马步，学习六合拳术和枪术、刀术。父亲最喜欢枪和单刀，他告诉我，枪是长兵器之王，而单刀是破枪的。所以我也很喜欢枪和单刀。父亲的枪术非常厉害，尤其是他的"中平枪"，神出鬼没，防不胜防。我为学枪，多次被父亲的"中平枪"刺中肩窝，虽然有棉花包裹枪头，但是仍难免红肿起来，母亲很是心疼，父亲则一边用烧着的白酒为我按摩，一边告诉我中枪的毛病在那里，他抚摸我的肩膀说："只有不怕疼又会动脑子，你才能学到真本领。"这情景好像就发生在昨天。由于得到父亲的"真传"，我 16 岁时枪术在珞珈山同龄人中已罕逢敌手，在学校民兵刺杀训练中，也大占上风。

我们小时候从父亲的武学教育中得益匪浅。他告诫我们，学武是为了强身健体，报效国家，绝不是为了打架斗狠。相反，学武之人一定要学会谦让，非万不得已，绝不可轻易动手，否则会使对方受伤。他常以岳飞、关公、赵子龙、罗成、杨六郎还有霍元甲这些忠直正义、武功高强的古代英雄故事教育我们。他要我们做文武双全的人，讲民族大义、讲信用、讲谦让、重感情。引申开去，就是要我们做德智体全面发展、既能动脑又能动手的人。

（原载《武汉大学报》，2010 年 11 月 5 日，原文题为《永恒的怀念》，本书有删改）

毕生不忘学术

刘长容

张弓挨骂　20世纪70年代末，我国刚刚恢复学位制度之际，年届不惑的中国社会科学院研究员张弓考取了唐长孺先生的研究生。按惯例，研究生每周五晚须得去唐先生家汇报读书情况和请教疑难问题，并就读书心得与导师展开讨论。偏巧一周五晚，因梅园小操场的电影实在太精彩，张弓逃了一次"课"。下周五刚一进门，一向对学生极为温和，操一口吴侬软语（唐先生是江苏吴江人）的唐先生破口大"骂"："你是来学习的，还是来玩乐的？再这样就开除你！"吓得张弓教授一辈子也不敢耽误正事了。正是这样严格的学术训练和要求，他所指导的三篇硕士论文答辩后即出版，他的门人分布在中国中古史研究的各个机构，无不坐镇一方。

库车古道　新出吐鲁番文书消息传出后，唐先生便以敏锐的眼光赴京阅读并复制缩微胶卷，写出一批开拓性的研究成果。1975年，年逾六旬的唐先生又同老友谭其骧先生（中国科学院地学部学部委员，复旦大学著名历史地理学家，《中国历史地图集》主编）亲赴新疆考察。在通往千佛洞的茫茫库车古道上，谁能想到，坐在手扶拖拉机上、尘埃满面的老头儿居然是唐长孺先生呢？这次路途的颠簸，使本已高度近视的唐先生因视网膜脱落而右眼失明，以后的阅读写作全恃戴上眼镜视力只有0.2度的左眼。

两次拒评　唐先生曾经两次拒绝加级提工资。20世纪50年代被评为一级教授时先生不要，他说，历史研究所的张政烺、杨向奎先生都还只是个二级，我怎么能评一级呢？"文革"后又被评为一级教授，先生却说，自己的工资已经很高了，让出一级来，可以解决好几个低工资教员的加薪呢。其谦逊淡泊如斯。他的老学生、中国社科院的张弓教授曾为他立传，但唐先生看后却不让发表。他从没有写过自传，也从不允许别人为他立传，直到逝世后才由弟子们在《武汉大学学报》、《唐研究》上向海内外同仁昭示。

（原载《武汉大学报》，2004年10月22日，原文题为《忆唐长孺先生》，本书有删改）

倡议恢复高考第一人

罗 加

1977 年 8 月 4 日，第三次复出的邓小平组织召开了全国科学和教育工作座谈会。邓小平同志每天都准时到会，认真听取发言。此前教育部曾召开粉碎"四人帮"后的第一次全国高等学校招生工作会，基本维持了"文革"以来的"自愿报名、群众推荐、领导批准、学校复审"的老办法。

8 月 6 日，会议又谈到招生一事，查全性勇敢地站起来，当着邓小平的面，大胆倡言：从今年起，就要改进招生办法，不能再忽视新生质量了。

查全性放出第一"炮"后，数学所吴文俊、长春光机所王大珩、上海有机所汪猷等科学家相继发言。大家情绪激动，一致建议国务院下定决心对现行招生制度进行改革。小平同志沉思片刻后认真地说："招生制度非改不可！只是今年可能来不及了。""还来得及，今年正式招生还没有开始。"查全性急切地回答。小平同志转身问教育部有关负责人："你们看来不来得及？"当时负责教育部工作的刘西尧答复："还来得及"，大家也纷纷说要改变完全来得及。查全性补充了一句："宁要晚几个月招生，不要又招收二十多万不合格的。"看到大家积极性高涨，邓小平当机立断，斩钉截铁地说："来得及的话，今年就开始办！"话音未落，掌声爆发，经久不息。

（原载《武汉大学报》，2002年1月11日，原文题为《珞珈师表》，本书有删改）

历史的辩护人

程　墨　徐世兵

那是 1980 年 11 月 16 日，清晨 6 点，北京，马克昌匆匆吃完了早餐，在国务院第一招待所乘车，经长安街一路向北，朝京郊昌平而去。

他的目的地是著名的秦城监狱。那里砖墙高耸、电网密布、铁门紧闭、气氛森严。墙内有 10 栋灰色的砖砌楼，窗户离地面两米多高，在人的视线以上。每道大门皆装有"监视孔"，门旁是荷枪实弹的武警。

马克昌时任武汉大学法律系副主任，一个月前，他正在给学生上课，忽然接到学校办公室转来的急电，令他火速进京，到全国人大法制工作委员会报到，"其他不详"。他坐上当天下午的火车，次日凌晨抵达北京，被接到了国务院第二招待所。这时他才知道，"上面"让他参与对林彪、江青集团起诉书的讨论。一周后他又被指定为"四人帮"主犯张春桥的律师，因张抗拒律师辩护，换成为"林彪案"主犯吴法宪辩护，吴曾任中共中央政治局委员、解放军副总参谋长、空军司令员。

当时那里实行"认证不认人"的铁则，再大的官儿到访，没有专门印制的出入凭据也休想迈进半步。他还记得，当时他谨慎地掏出由司法部、公安部开具的介绍信，经门卫与公安部电话核实，最终得以进入大院。"走在里面，只听见树叶沙沙的声响"。

彼时，中国正常司法刚刚恢复，而林彪集团、"四人帮"集团的罪犯大多曾身居高位，掌握大量国家机密，因此，主管部门对辩护律师的态度是谨慎甚至严苛的。时任全国人大常委会副委员长的彭真亲自圈阅了《辩护工作方案的建议》，提出"会见被告人必须有看守人员在场"、"律师在法庭上不得作无理强辩"、"要保障法庭审判顺利进行"等要求。后来，司法部又提出"不搞单干"、"要谨慎"、"把问题想周全"、"严格保密"等4项要求；除了"某些细节"可以"作相应辩护"，就只能"请法庭依法裁判"。但事实上，在实际审判中，律师们后来为几名被告人所作的辩护词突破了上述规定。

马克昌便是特别法庭上对被告人提问最多的律师之一。他提出了吴法宪可减轻罪名的几个关键点，据理力争，提请法庭对吴从轻判处。最终，吴法宪被判处有期徒刑17年，服刑大半年后保外就医。

（原载《中国教育报》，2011年7月3日，本书有删改）

手抄式图书馆

张倩倩

陆耀东先生作为中国现代新诗研究的"集大成者",熟悉他的人都知道,他做学问若不尽可能全面占有原始资料,就不轻易动笔,不轻下结论。在信息闭塞、资料匮乏的年代,陆先生动员家人一起将研究所需的诗集、发刊词等相关资料抄在稿纸上,再用糨糊或是针线装订成册。陆先生曾笑称,家中三个武汉大学中文系毕业的学术同仁,除一人只花了近十年时间外,二人集二十五年之功,搜集有关资料,所用岁月远远超过撰著时间。

陆先生回忆和妻子谢韵梅女士一起去北京图书馆借书,那时一天只能借两三本书,二人只好中午在那儿吃快餐,吃完后再借。即使这样一天也只能借三四本,借书来回就是半个钟头,写完卡片出来又是半个钟头,用了不少看书时间。陆先生及家人还先后在上海图书馆、浙江图书馆、南京图书馆、北师大图书馆、清华大学图书馆等地伏案疾书。陆先生的不少学术同仁在假期去学校图书馆取阅资料,都曾目睹这一家人抄书的动人情形。

从20世纪50年代至今,陆先生手抄的现代新诗集达600种之多,约占新中国成立前全部诗集的一半,其中仅手抄的新诗集就有 160 多种，被目前国内外学者公认为是拥有新诗刊物和诗集最齐全的学者。

哈佛大学东亚语言文学系中国文学教授李欧梵先生在耳闻陆先生资料之广博翔实后，曾亲自登门拜访，并在陆先生书房流连多时。他曾致信对陆先生表示敬意："中国学者——特别是您——在资料上的掌握，远非国外学者可望其项背……先生收集诗集之多，乃中外罕见，北大的孙玉石先生亦作此看法。"

对此，陆先生在一次访谈中轻描淡写地说："1917—1949 年发表新诗的刊物约千余种，发表新诗十万首左右，出版的诗集达 1500 种以上。我从 70 年代末起集中精力搜集史料，除诗集有过半到三分之二外，我掌握的刊物仅一半而已。"

（原载《武汉大学报》，2010 年 10 月 22 日，原文题为《集大成　奠基者》，本书有删改）

水 稻 候 鸟

汪晓清

　　这一年大年初一清晨，35岁的朱英国疾行在一条偏僻小路上。他要以最快速度赶到海南岛繁育水稻——这里现在被誉为中国种业的"硅谷"。

　　为何如此步履匆匆？春天寸光寸金，不能不拼命追逐。在武汉经历了烧锅炉提高育种温度失败的窘境之后，朱英国想到了温暖的海南岛。南繁育种，每年可以比湖北多种一季水稻，大大加快水稻育种科研速度。

　　于是，春夏之际，朱英国和他的队伍留在湖北沔阳协作攻关，秋风一起，他们就奔赴广西南宁。寒冬来临，又转战海南岛。直到次年4月，才揣着希望的种子返回湖北。就这样，从1972年起，朱英国开始了他的"水稻候鸟"生涯，追逐田野的春天。

　　"候鸟"之旅，是艰辛之旅。顺利的话，路上也要花一个星期。稻种、棉被、蚊帐，肩挑手提，每人要带100斤甚至150斤，一路站着也是常有的事。

　　身体所受的苦其次，最苦的是对种子的担心。

　　1975年4月中旬，海南岛气候反常，稻子晚熟。为赶上湖北的育种期，朱英国他们收下稻种，来不及晒干，就匆忙启程。但是，仓促间忘了带《病虫害检疫证》，湛江站禁止他们通行。

　　稻种已经发热！如果再耽搁半天，几年的心血就将付之东流！由于又累又饿又急又气，他竟昏倒过去。此情此景，令车站负责人大为感动，破例放行。

　　（原载《光明日报》，2009 年 4 月 17 日，原文题为《"水稻候鸟"与"东方魔稻"》，本书有删改）

为一个学生讲课

陈博雷

年逾八旬的彭斐章，平时喜欢上网，很关注网络上流行的搜索引擎。"搜索引擎是网络资源书目控制的重要手段，它的产生和发展体现了目录学的思想与智慧。"他说。

1956年，彭斐章被派往前苏联莫斯科国立图书馆学院攻读目录学研究生。留学期间，发生了一件令他终生难忘的事情——1957年11月17日，毛泽东主席出访期间接见了留学生。"世界是你们的，也是我们的，但是归根到底是你们的。你们青年人朝气蓬勃，好像早上八九点钟的太阳，希望寄托在你们身上。"毛主席这段激励人心的话语，深深印在了彭斐章脑中。

2006年，已76岁高龄的彭斐章讲授《目录学专题研究》，授课对象只有一个学生。可每次上课，住在校外的他都会提前来，一丝不苟地讲课。学生过意不去，主动提出将课程"精简"或者把课堂搬到彭老师家，彭斐章坚决不同意。就这样，一个学生的课堂，无论刮风下雨，一个学期从没间断过。

（原载《楚天都市报》，2011年10月9日，本书有删改）

老夫子，大球迷

刘 丹

作为一名醉心研究的学者，冯天瑜给人的第一印象是一位典型的一丝不苟、非常严谨，甚至不苟言笑的"夫子"形象，似乎唯有明清文化、中华元典、近代术语等深奥的学术才是他唯一关心的东西，但在熟悉他的人眼里，他还有太多的奇才异趣。他的学生，华东师范大学传播系主任洪九来教授揭秘，冯天瑜实际上是个十足的足球发烧友，遇上重大的国际比赛或自己心仪的球队球星的赛事，常常不顾自己的年纪与疲劳，甚至半夜起床守着电视机，有着"老夫聊发少年狂"的冲动。冯天瑜曾说自己对一些机械的数字如门牌号、电话号码等有"健忘症"，生活中经常会为此出些"洋相"，每次购物回家，夫人问其价格，他一概回答不上来。有次朋友来访，冯天瑜一下子竟然叫不出对方姓名，只好悄悄把夫人叫进其他房间，低声询问："来客非常熟悉，到底姓甚名谁？"但对英超、德甲等大牌足球明星的上场号码，对一些关键赛事的比分，冯天瑜却记得准确无误，他自己也为此颇为自得。

由于少年时代看过很多的连环画，冯天瑜还有一手人物白描的"绝活"。他自己说，有一段时间，自己的课本、练习簿空白处都画满了中外英雄豪杰的画像，甚至"连解手纸都未能幸免"。这种随手画几笔的习惯一直保持了下来。有时候参加学术活动，他都会画下一批中外文化名人的速写。由于颇为生动传神，被画者常问，你是不是接受过美术专业训练？冯天瑜都会回答："没有，是小时候在湖北图书馆儿童阅览室形成的信笔涂抹习惯。"

因为这个"本事"，冯天瑜还曾经给洪九来做过半天的"保姆"。洪九来在给恩师七十诞辰的纪念文章中回忆了这一往事。那是 2002 年初夏时节，冯天瑜在刚刚动过心脏大手术之后到上海参加一个学术活动，为尽弟子的照料之责，洪九来坚邀老师到家里休息。一天，洪九来时年 5 岁的儿子在家吵闹，冯天瑜主动提出为其画一幅素描。于是一老一少均衣着背心短打上阵，分立长桌两端，一个煞有介事地摆出姿态，一个全神贯注地挥汗作画。"也许是慑于先生那专注的神情与神奇的笔画，本来一刻也不能消停的儿子竟然也能规规矩矩地扮演起模特儿的角色。十多分钟的工夫，一幅栩栩如生的铅笔素描头像就完成了，当然引得小儿又是一阵欢呼雀跃。"洪九来说，多年以后，当他们一家人偶尔翻出这一幅珍贵的素描画像时，都会为此深深感动。

（原载《长江商报》，2011 年 4 月 11 日，原文题为《忧国忧民的史学大家冯天瑜》，本书有删改）

影响中国五百年

高 翔

与艾滋病人同吃同住

2001 年 5 月中旬，桂希恩将 5 名河南来汉治病但受到歧视的艾滋病人接到武汉治疗。考虑到艾滋病人如果住进病房可能会吓跑其他病人，医院将一栋闲置的旧房子安排给病人住。由于不理解，邻居们还是提出了强烈抗议。为让艾滋病患者享有同样的生命尊严，为了证明与艾滋病人正常的生活接触不会被传染，桂希恩毅然将五位艾滋病人接到自己家中，与他们同吃同住了五天。

用生命求证科学，一时轰动全国。从来不与媒体合作的桂希恩，第一次站在记者面前，讲述艾滋病人的种种悲剧，呼吁人们宽容、关心他们。其实这种轰动是桂希恩所不希望的。

2001 年，在桂希恩的推动下，中国艾滋病第一村——文楼村受到全国的关注，并成为全国第一个可以接受艾滋病免费治疗的村子。

感动中国

　　"他清贫而充实，温和而坚定。医生的天职让他发现冰山的一角，仁者的责任让他知难而上，他让温暖传递，他让爱心汇聚，直到更多人向弱者张开双臂，直到角落里的人们看到春天。他不惧死亡，因为他对生命有更博大的爱。"1月16日晚，桂希恩教授从著名主持人敬一丹手中接过中央电视台"感动中国·2004年年度人物"奖杯。

　　伴随着著名主持人白岩松念出颁奖词，面对亿万观众的艾滋病防治专家桂希恩，以他对生命博大的爱深深地感动着每一个普通的人。"他是中国艾滋病高危区的最早发现者，他以良知和勇气揭开真相，他让阳光温暖这个曾被忽略的角落。"央视在评选中这样介绍桂希恩，认为"一个教授的5年，将惠及整个民族500年"。

　　（以上2则原载《武汉大学报》2005年1月28日、2005年3月11日，本书有删改）

光着膀子算数据

李建成是个执著的人，了解他的人都对此印象深刻。他对专业的执著，从一开始就显现出来了。21 年前，当他选择"大地水准面"时，它还只是测绘书本中的一个普通专业名词，基本上无人问津，因尚未产生经济效益，国家也不重视。但李建成选择了它，并一门心思扎进去，乐在其中。

虽已时隔多年，李建成的同窗好友兼同事闫利教授依然记得，那个深夜，李建成敲开他的门，像捡到宝贝般兴奋，眼睛里闪着光。"他花了近 3 万块钱买了台计算机，那是他想方设法做课题攒下的钱。"闫利回忆道。

在当时的博士楼里，炎炎夏日，推开李建成宿舍的门，见到的总是他在计算机前挥汗如雨的身影。"从他光着膀子运算数据的那股劲看，就知道这小子终会成功。"昔日同窗、亦即后来的团队伙伴和事业搭档们，对这一幕记忆犹新。

"只要不出差，永远可以在办公室找到他，哪怕夜里 11 点。"李建成的学生、青年教师邹贤才说，"他的科研成果，是在长期始终如一的不懈努力之下取得的，熬夜加班、牺牲周末是家常便饭，即使是等车、等飞机的短暂时间间隙，他也不会轻易放过。他常在出差的车上写程式、推公式，他说这是他的爱好。"

　　（原载《武汉大学报》，2012 年 3 月 23 日，原文题为《钟情测绘　不懈前行》，本书有删改）

下篇

雅韵

相约青春

年华似水，记忆常新，

一所大学，构筑起永恒的精神家园。

母校常入梦中

何炼成

离开母校已经 56 年了，其间只回去过三次，但母校一直深藏在我心中，而且越是年老越是想念，不时在梦中都梦到那新中国成立前后的峥嵘岁月和扣人心弦的情景！

那光荣的"六一"死难烈士的纪念亭是我 1947 年考入武大后的第一次深受教育的地方。我还清楚地记得，当时我们的学长董辅礽同学，给我们几位新同学讲述了"六一惨案"的经过，种下了我后来卷入革命学生运动浪潮的种子，此情此景令人终生难忘，经常进入梦中。

难忘那学识渊博、诲人不倦的教授老师们。在他们的循循善诱下，一个从农村来的青少年走入了神圣的经济学殿堂。特别是杨端六老教授和他的《货币银行学》，刘秉麟老教授和他的《财政学》，戴铭巽老教授和他的《会计学》，刘涤源教授和他的《经济学原理》，他们的音容笑貌至今仍深深印在我的脑海里，经常进入我的梦中。

难忘那风雨同舟的老同学。我们共同生活、共同学习、共同战斗、同甘共苦，真是刻骨铭心，以致后来相隔几十年见了面还是像同学时那样亲密无间。特别是"三毛"同学，他当时是我们经济系地下组织的领导人，也是我后来入党的介绍人。他在介绍我入党时和我的谈话成为我后来做人做事的准则，至今言犹在耳，终生难忘。

难忘那新中国成立后两年母校轰轰烈烈的运动。有动员学生参加抗美援朝的运动，思想改造运动和批判运动等等。我当时负责动员的 1950 级同学，有十几位同学踊跃报名，被批准的近 10 人，他们有的到了抗美援朝前线，有的还立了战功（如聂弥合同学）。他们的音容笑貌也一直留存在我心中。

自从 1951 年 7 月离开母校，来到遥远的西北，在这里一待就是 56 年，但是在我的心中，仍然首先想到的是母校。我先后获得 20 多个奖状，我把它们都归功于母校的培养。我的教学内容和方法，很多都是从母校的老师那里传承下来的。我的主要学术成就（关于劳动和劳动价值论、中国发展经济学等）也是在刘涤源老师、张培刚老师和谭崇台老师的教导下完成的。感谢母校，感谢母校的培育之恩！（作者系著名经济学家、西北大学经济管理学院名誉院长）

理学院夜晚的灯光

陈善广

　　我们无力挽住时光之矢前行的步履，但记忆却帮我们留住了岁月的痕迹，让每一个生命的历程充满意义而又有回味⋯⋯30 年了，有份情愫至今无法释怀，有段记忆更是不能忘却——

　　打开记忆的背囊，唯有武大四年时光编织的故事最丰富、最温馨、最美丽。如今，追寻记忆深处而去，我无不动容于那"恰同学少年"时的意气风发与青涩懵懂，得意于名师英才满园荟萃与弘毅求实的校风传承，陶醉于校园樱花簇开、桂花溢香的浪漫品位，沉浸于琉璃瓦建筑在苍松翠柏间蕴含的古典儒雅，更有拂不去那一直在我心灵里萦绕和映照的理学院夜晚的灯光⋯⋯

　　记忆中的老理学院像座城堡，既透着一丝东方古朴，又融汇着大方的西洋风格。里面有几间大教室，是我们数学系上大课和晚自习的场所。它与我们数学系宿舍老斋舍相距不过一二百米，中间穿越一条幽秘的林荫小道。我敢肯定，这条道是最熟悉我的脚步的。四年里一千多个日日夜夜我与同学们几乎一大半是穿梭于这条路上的，目标却十分纯粹——去理学院汲取知识养分。白天，主要是数学大课，如数学分析、线性代数、常微分方程等，虽然老师们已在尽可能把枯燥的知识讲得幽默、生动些，但我们还是经常会在这里期待偶尔安排的一些文学艺术、政治经济类的名家讲座，真切体会到武大文理综合的优越。晚上的理学院，天一黑教室里的灯光都亮了，皎朗的月光倾泻而下让圆圆的屋顶笼罩一层圣辉，透过婆娑树枝望去，好似顾盼流连的少女，若隐若现，十分迷人。

　　数学系的同学用功是全校出了名的，教室里很快就座无虚席，当然常常也有些被书或文具占据的"空位置"。我与小谢同屋，经常结伴而去理学院晚自习。一般，我们会在晚饭后打打球跑跑步活动活动再去，每次一进教室就发现系里的几位女生早已就位在聚精会神地刻苦攻读了。尤其坐在我邻侧的一位女生让我记忆深刻，她身材娇小，端庄的脸上总是一抹稚嫩粉红，鼻梁上架着一份深蓝色眼镜显得特别文静秀气。她与我不同班，年龄同我相仿，入校时不过十五六岁。她人虽小，在班上学习成绩可属于拔尖的，据说还是书香门第出身，这让我这农村出来的"土娃子"既有七分羡慕又有三分敬畏。她每次几乎都先到，我们进来落座时旁边同学总要探个头怎么的，可就是她始终纹丝不动，旁若无人般地专注于她的复习之中。

　　有一天下午没课，我与小谢去汉口外文书店逛，回学校晚了，进教室一看坐满了人。两个老位置上分别放了一本英语书和一本数学书，我们正在位置前犹豫时，传来了一句十分轻柔的话语："给你俩留的。"声音是她的，但未见她转过头来。一时间我与小谢竟不知所措，好一会儿，还是小谢道了句"谢谢"把书递给了她，然后我们转身坐下，然后我感到一种前所未有的温暖袭上身来。

　　还有一个周末的晚上，中文系办舞会，很多数学系的同学也起哄前往，小谢也去了，我不会跳也没兴趣去。宿舍一下空荡荡的，本想出去散步又没伴，一想还是去教室背单词吧，于是我揣上英语书便奔理学院去。熟悉的小道上依然弥漫几分树叶清香，理学院教室里射出的灯光依然柔和而迷人，它牵引着我匆匆的步伐。轻轻推开教室门，眼前情景既在想象之中又在意料之外。偌大一教室，不过稀稀拉拉三五人而已！就在我熟悉的一隅，一个熟悉而孤单的身影依旧在那个熟悉的位置上。她没去跳舞？周末的时光还要在教室里度过？坐下后，我忍不住微微侧过身去打量她，没想到她也侧过头迎了过来。四目相接恍若电闪雷鸣，这是我第一次近距离正视她的脸，我看到那俏丽的面颊上挂了丝微笑。"你来了，我还以为你们都不来了呢"依然是那轻柔的声音。我搪塞般地"哦"了声便慌忙低下头去，不知怎的，脸上居然涨满了潮红，心还扑通扑通地跳得厉害。更为可笑的是，那一晚，一个英语单词也未能背下！

　　这些往事虽然琐碎而遥远，却像陈年酒一样越酿越醇香。毕业一别，30多年过去了，而今我们都快近"知天命"的年龄了，各自成家立业，彼此之间却无音讯。据其他同学说，她早已移居国外，事业上也颇有成就，而小谢毕业两年后留学美国也未再有消息。那年同学们倡导毕业20年回母校相聚也未联系上他们，甚为遗憾。不过，同学们对他们都寄予了美好的祝愿。同时我们相信，远在异国他乡的他们，也会经常想起在母校学习生活的一点一滴，惦念着珞珈山上的一草一木的，特别是那理学院教室伴过我们多少个夜晚的灯光……

　　心灵里有灯光，记忆便没有黑暗；路前方有灯光，航线便不会走偏！

　　理学院夜晚的灯光啊，那是点亮并温暖了我记忆的灯光，是我人生道路永不熄灭的灯光，无论是荆棘坎坷还是惊涛骇浪，无论是戈壁荒漠还是天路茫茫，它将一直指引照亮我奋勇前行的方向……

（原载《武汉大学校友通讯》，武汉大学出版社，2010 年第 1 辑）

梦一般的记忆

朱秀海

时光荏苒，离开母校武汉大学已近 20 年了，可是当年在校读书的日子，仍然如同昨日。

记得是 1985 年仲夏的一天，时在海滨城市大连参加一个笔会的我接到一个电话，电话里讲，为了将中国作家协会提出的"作家学者化"的倡议成为现实，作协和武汉大学商定，在武汉大学中文系开设全国第一个作家班，使由于"文革"等多种原因没有机会上大学的青年作家们有机会接受正规的大学教育。接到这个电话，非常高兴，笔会没有结束就匆匆赶回家中，办理报名所需的有关手续，不久后就如愿地拿到了录取通知书。9 月初，我和另外 23 名同学一起，顺利地走进了武汉大学的校园。

因为"文革"，我以为我再也不会有机会走进大学了，但是就在我已经 31 岁、当兵 13 年、参加过两次边境战争之后，武汉大学和中国作家协会合办的全国第一个作家班，意外地圆了我的大学之梦。

武汉大学的优美的校园环境，刘道玉校长、教务处、中文系和其它各系的老师张开臂膀欢迎了我们这些大学的迟到者。我们成了这所著名学府中受到特别款待的一群。

　　无论是在孕育中国第一个作家班诞生的过程中，还是入学后母校为我们这样一群奇特的学生特意设置的课程、精心安排的老师，尤其是在学分和选课方面给予我们的优待，都处处体现了刘道玉校长和校方在特殊教育方面具有的跨越性的见识与胆略。

　　在中文系的学习是作家班学习的重点。同样重大的收获在于文学之外。当年报考大学的另一个意愿是读历史。武大的学习生活也大致上满足了我这方面的愿望。值得为当年的武大教学改革大书一笔的是当时校园内相当活跃的众多的学术活动和知识讲座。它们涉及了当时国内外各学术门类的前沿课题，其中不但有人文科学的课题，还有自然科学的课题，更有人文和自然科学交叉的课题。

　　武大是个山青水秀之地，到武大做学生让我们摆脱了过去的工作环境和工作负担，以一个纯粹的学生的心态去读自己需要读的书和感兴趣的书。后面这一类书在当时看来对我们的工作也许是不重要的，不进武大绝对不会去读的，但是一旦读过之后，其中的这一本和那一本，也许就对你的一生都产生了重大影响。

　　难忘武大，还因为我们在这两年里和刘道玉校长以及各位老师建立起来的亲切的师生情谊。刘校长在职的那些日子里，他对我们作家班的关心，他在学习上给予我们的直接的教导和影响，直到今天仍然让我们班的同学们难以忘怀。

　　构成了武大两年学习生活主要记忆的还是母校四月的樱花，雪天的梅园，夏日的东湖，秋日的枫叶，一年四季景色变幻不止的珞珈山。当然在一篇短短的回忆文章里写不尽所有这一些景色对于我们的意义。武大让我们在似乎见识整个世界之后又意外地见识了一个新的世界，在见识了世界上的许多人之后又见识了一些全新的人。从某种意义上，武大完成了对我们原有的世界映像的重塑，至少我本人感谢这样的重塑。

武大已经成了我们这些远离的学生心底的秘密。这种秘密和你人生中的所有秘密都是不同的。那里有你在任何别的环境里都体验不到的全身心沉浸于知识、幻想、友情、快乐之中的生活、感觉与记忆。武大是我们已经离去久远的梦，走进去时是一场梦，走出来时尚在梦中，今天则成为梦一般的记忆，一段人生中最美好的日子。

感谢母校二十年前的培育，今天我们能够取得的点滴的成绩，都与母校的恩赐有关。

祝当年将我们带进武大的校领导和我们的老师们健康长寿。祝母校在新的世纪里更加美丽。我们的心与生命将会与武大同在。（作者系中国作家协会会员）

（原载《河南教育》杂志，2007 年第 3 期，原文题为《难忘武大》）

踏遍来去枝

邱华栋

　　1988年夏天，我因为在中学时期就发表了十万余字的文学作品并出版了小说集，而被母校免试破格录取了。上中学时我别的科目都还不错，但数学成绩不好，仅此一项要去上武汉大学这一国内的一流重点大学，可以说比较难。而母校"慧眼识才"，将我免试破格录取为保送生，从此改变了我的命运，这是我在内心之中对母校永远心存感激的原因，因而早早就在内心中立了志：一定要成为珞珈学子中优秀的一员，也让母校有一天为我感到自豪和骄傲！

　　在大学的那4年中，我记忆最深的是图书馆，那是我最喜欢去的场所。我和几个热爱文学的同学组成了文学社，开展读书活动。我记得当时读各类文学名著，是按照字母，一个书架一个书架地阅读的，几年下来，读的国内外大师、前辈的著作不计其数。正是在大学期间打下的相当坚实的基础，使我毕业后没几年，就在文坛上迅速崛起，成了新一代青年作家中较有代表性和发展潜力的一个，出版了文学作品集20部合300万字。因此，我把已经取得的一切全部归功于母校，没有她的湖光山色的润泽，没有她的期待和鞭策，我肯定不会取得这样的战果，对母校我是在内心中怀着孩子对母亲般的深深感情的。

　　我这几年趁着出差的机会去过母校几次，觉得她一天比一天漂亮了。一所大学，一所一流的大学，最重要的是什么呢？我想肯定是这所大学的精神。在母校庆祝百年校庆的时候，我在想，母校有着什么样的精神传统呢？当想到这个问题的时候，在我的脑海中首先涌现出来的是一些人的名字：李四光、竺可桢、闻一多、罗荣桓、周鲠生、伍修权……一大串沿着历史之河浮流闪烁的闪光的名字，他们全与武汉大学有关，又与中国近现代、当代的政治、文化、经济、科技和教育有关。我想母校的传统精神，就体现在他们身上。百年母校，她的毕业生我估计已有近十万之众了吧？这十万珞珈学子，像火种一样撒遍大地，在各个行业中力图出类拔萃，那种生生不息的情景，着实令吾辈激动万分。

　　想起母校，我的内心就感到温暖。母校是一个训练场，她把技能、装备、学养和知识交给了我们，但在社会上拼搏，则仍要靠我们每一个生命个体的努力奋斗。这些年，我大部分时间仍在读书、写作、搜集各种资料、研究文学和现实的各种问题。把在母校养成的好习惯一直保持着。甚至连作息时间，也和在母校时养成的一样。因为当时在校时每天晚上 11 点左右寝室是要熄灯的，我也就按时睡了。直到今天，我写作从来不熬夜，保持着一个健康、良好的生活习惯。很多作家都有写作怪癖，大多数都熬夜，但我想熬也习惯不了，看来母校的熄灯制度真的很有用呢。

　　母校因其百年历史，和她培养的万千杰出人才，实际上对每一个珞珈学子在内心之中都是一种压力和提示。像我，一进大学，就觉得自己是在一个已培养出那么多优秀人才的学校学习，一种紧迫感使我无法松懈，我必须配得上"珞珈学子"这个名称才行啊。这些年很多场所，碰到了很多校友，一谈起是武汉大学校友，顿时有一种亲切和亲近之感，沉默和戒备立刻化为热烈的交谈。母校的各种消息我也时时留意，虽然几年没回过母校，但实际上仍旧牵着一条线，眷恋着母校。

回想起在母校的学习，我觉得也有些遗憾之处。就是我没有利用那个时间把外语和传统国学学习得再扎实一些。现今作家都是越来越学者化，一个好的作家，不光靠生活体验和语言文才，还得依靠知识和学问的积累与滋养。当时在母校念书，我的英文、日文现在看来都不算学好了，古文的底子也薄了。中国现代文学史上的大作家鲁迅、胡适、林语堂、郁达夫、巴金、茅盾，个个都是学贯中西，我们这一代比起他们来，两方面都不够。当然，时代的历史情境与要求不见得完全一致，但大作家既算生活的学问家，也应该是文化的传承者，所以，尽管如今时间紧迫，我仍在努力学习外文和古文，从两个方面来弥补不足。

对于我来说，肯定没有写出令我满意的作品。作为一个当代文化和文学的探索者，我必须面对时代，面对我们民族的心灵史去写作。而这种写作如同一棵树的生长，也如同在一条漫长的隧道中的前行。我的道路是一条"绳索"，它充满了危险和诱惑，我在这条道路上还能走多远？我想我仍会奋力前行，毕竟我是毕业于百年名校的珞珈学子啊，我会在她的期待中干得更好。

（原载《珞珈学子在京城》，武汉大学出版社第 1 版，2000 年 6 月）

终 生 不 负

王 颖

一

一直想为我所爱的大学写篇文章，却迟迟没有动笔——对于心中珍视的部位，下笔前必然要无限斟酌，不料反而由此带来无限耽搁。

恍然忆起 2005 年 5 月 13 日，武大教五多功能报告厅的那个晚上，空气中回旋着《阳关三叠》，沧桑喑哑的古埙，一声声低到尘埃里去，如同散落的烟花余烬。台下人涌如潮，而我将离去。

"许多许多年以后，大家还会不会想起，今天我们一起度过的这个晚上？许多许多年以后，当朋友们忆起母校的红楼论坛时，我又将身在何方？"

说这几句时，我在闪烁的泪光里，仔细地看着面前的一张张脸庞，仿佛要把那个夜晚，连同珞珈山下的四年岁月，深深烙到心里去。

没有人知道，最后一次红楼论坛的那一晚，我究竟收获了怎样的、怎样的感动。没有人知道，武大在我的生命里，究竟刻下了多深的、多深的痕。

二

然而 2001 年 7 月，武大在我生命里的开端，竟是源于一个意外。

我曾经想过的，倘若 2001 年进了北大，我将如期完成和北大的约定，但与此同时，我将错失武大之于我的一切意义。

"曾经有很多人问我，我去北大以后还会不会继续讲红楼论坛。我的回答是，可能还会讲《红楼梦》，但不是红楼论坛。因为红楼论坛永远都是属武大的。在过去的四年里，红楼论坛从诞生到壮大再到辉煌，每一步都与武大的人、武大的事紧紧相连，所以，我宁愿选择把自己作为红楼论坛的过客，以此作为代价，来换取红楼论坛在武大的永恒。"

以上这些，是我 2005 年 5 月 13 日告别红楼论坛时所说的话。如今两年过去，这种心情一丝一毫也没有变。

我曾经想过的，倘若 2001 年进了北大，我也许会有比在武大更好的发展机遇，然而，却不可能再有红楼论坛——武大给予红楼论坛的因缘际会，是其他任何地方都无从复制的。

所以当我在北大开讲《红楼梦》时，我重新给讲座起了个"千古一梦"的名字。这，算是我和武大的约定，终生不负。

三

一个月前北大新闻网采访我，谈到武大的时候，我竟深深叹息。我说：在武大时，我以为北大是自己旧日的故园。及至到了北大，却发现武大成了我的上一个故乡。如此这般，无论在哪里都是客子，而且，恐怕这一生都只是客子了。

我说，2001 年进了武大，我以为自己弄丢了北大三年前给我的钥匙，于是苦寻四年。及至找回了钥匙，竟发现自己不能做一个"理直气壮"的"北大人"了——因为武大的痕，已然在心上烙得太深太深。

北大新闻网的记者大约没有兴趣在这个话题上纠缠，但我说这些时，却莫名地想流泪。那一刻，心底闪回的是 2005 年 5 月 13 日夜晚，武大教五多功能报告厅。台下人涌如潮，而我将离去。

四

但我从不曾悔。

永远是一个溺于性情的人：北大是我爱上的第一所大学，我便甘愿为此离开武大，就如他是我爱上的第一个男孩，我便情愿因此放弃出国——多年以来，我的性情始终没有变过。即使造物主命我再选择一次，结局亦是如此。

五

只是一个月前我还没有想到，武大于我命运的馈赠，竟然不止是红楼论坛。未能与他相知于樱花道上，是无可弥补的遗憾。然而，倘我 2001 年来了北大，我失去的不止是红楼论坛，我还将与他在未名湖畔擦肩而过，或许，从此就是错过一生。

对于世间的种种奇妙因缘，我将敬畏。

六

半个月后，我要回武大重讲《红楼梦》。

固执地把巡回讲座的第一站放在武大，我对出版社讲，因为红楼论坛是武大的，而我讲《红楼梦》，也是起于武大。甚至，把《我在落花梦里》的出版算作武大于我的馈赠，亦不为过。

出版社起初想在书名中加入"北大"字样，我坚决不同意：武大之于我的全部意义，除我之外，大约没有人能够体会——甚至连我自己，都还未能全然估出这些意义的分量。

于今，在我成行之前，只想轻轻问一句：珞珈山的朋友们，可会欢迎我么？

（原载《武汉大学报》，2007 年 12 月 14 日，原文题为《重回珞珈》，本书有删改）

寄兴烟霞

芬芳馥郁，嗟之叹之，

一所大学，弥漫着纯美的诗情画意。

物 外 桃 源

郭沫若

武昌城外的武汉大学区域，应该算得是武汉三镇的物外桃源吧。

宏敞的校舍在珞珈山上，全部是西式建筑的白垩宫殿。山上有葱茏的林木，遍地有畅茂的花草，山下更有一个浩渺的东湖，湖水清深，山气凉爽，而临湖又还有浴场的设备。离城也不远，坐汽车只需 20 分钟左右。太平时分在这里读书，尤其教书的人，是有福了。

在校舍之外，有不少的教员宿舍，点散在山上，大多是三层楼的小洋房。有人说，中国人在生活享受上不如外国人。但如到过武汉大学，你可以改正你的观念。……

大约在前一定有什么诗人在这儿流连过吧，山名"珞珈"不也就可以想见了吗？

我们——我和立群是四月底由汉口的太和街搬到这里来的。不久黄琪翔搬来了，做了我们的邻居。那是一栋比翼建筑，站在月台上两家便可以打话。更不久，周公（指周恩来——编者注）和邓大姐也住到靠近山顶的一栋，在我们的直上一层，上去的路正打从我们的书房窗下走过。有这样的湖山，有这样的好邻舍，我生平寄迹过的地方不少，总要以这儿为最接近理想了。

　　当时的生活尽管是异常忙碌，差不多每天清早一早出去，要到晚上，甚至有时要深夜才能回家，但在夜间月下的散步，星期日无须下山，或者有友来访的时候，可留下了不少的甜蜜的回忆。我们在东湖里游过水，划过船，在那岸上的菜馆里吃过鲜鱼。浓厚的友情，闲适的休憩，是永远也值得回味的。

　　（原载《郭沫若选集》，四川人民出版社，1982 年版第 2 卷，本书有删改）

忆 珞 珈

苏雪林

　　珞珈山是国立武汉大学的所在地。自从民国二十年我到武大教书以后，便在这风景秀丽、环境幽静的大自然的怀抱里，开始我一段极有意味的生涯。那银墙碧瓦、焕若帝王之居的建筑；那清波荡漾、一望无际的东湖；那夹着蜿蜒马路、一碧参天的法国梧桐；那满山满岭、郁如浓黛的松林；那亭榭参差、繁花似锦的校园，使得珞珈成为武汉三镇风景最美之区。

　　天空漆黑，遥望狮子山顶的大学本部，万窗齐辟，灯火辉映，好似一座刚钻缀成的牌坊，气象庄严之极，也壮丽之极。这是我们乘凉时永不能忘的印象。民国三十九年，我再赴法邦，寄迹世界闻名的花都。战后法国政府为吸引游客增加国富计，将巴黎着意打扮起来，每星期有两三次铁塔、凯旋门、圣母院、圣心堂及一切有名建筑，齐放光明，但我总觉得不及武汉大学夜景之美。我何以有此偏见，自己也说不出所以然，恋旧心理当然是一理由；实际上巴黎建筑都笼罩在十丈软红之中，先就有一股子尘俗气，武大则屹立湖山佳处，背景是那么高旷清远，灯火光中，愈觉玲珑缥缈，看起来自然给人一种神仙楼阁之想了。

　　珞珈风景诱惑人的当然是那个有名的东湖。杭州的西湖，我嫌它太小，水又太浊，东湖比它广阔几倍，水是澈底的清。朝霞夕晖，光彩变化，月夜则漪涟闪烁，银波万顷，有海洋的意味。有风的时候，一层层的波浪，好像刻削过的苍玉，又像是蓝色的水晶，刀斩斧截，全属刚性线条，但说是凝固的，却又起伏动荡不已。游泳时，浮拍波面，或潜身水底，各有妙趣，难以尽述。

　　我未到珞珈之前，孱弱多病，上山以后，日夕呼吸湖光饮山露，身体日趋强健。武大同仁个个同我友善。渐渐地我将武汉大学当做自己的家庭，觉得家庭还远比不上学校的亲切和温暖。

　　（原载《学府纪闻》，台湾南京出版有限公司，1981年第1版，本书有删改）

武 大 的 树

喻 杉

离开珞珈山已经 20 多年了，武大的树，却仿佛一直长在我的脑海里，根，愈扎愈深，叶，愈长愈茂。

珞珈山的名字，由闻一多先生而来。珞，是坚硬的石头，珈，是女子的饰物，一刚一柔。而长在珞珈山上的树木，树干坚硬挺拔，枝叶摇曳婆娑，也是一刚一柔。刚柔相济，这也是武大人的性格。

当年，我们走进武大的美丽校园，树，就和我们朝夕相伴。

那些新栽下的树，纤弱，稚嫩，但是生机勃勃，就像刚刚走入校门的新生；那些正值壮年的树，郁郁葱葱，正在撑起一片蓝天，就像那些在讲台上讲课，在实验室里研究的先生；而那些饱经沧桑的老树，树干布满了皱纹，每一条皱纹里，都包含着武大的历史，多像武大的老教授和老校长们。

树，就是武大，就是武大的先生和学生们。

早春，我们看到樱花盛开，艳丽的色彩一扫冬日的阴霾；

盛夏，我们感受梧桐带来的阴凉，知了的歌唱带来夏的热烈；

金秋，我们恣意畅享桂园里扑鼻的香气，金黄的落叶在脚下铺平了道路；

　　严冬，我们伫立在松树之旁，领略梅花的不畏严寒，品味凛冽风中的暗香。

　　武大的树，一年一年轮，一季一景色。像这些武大之树一样，武大学子在珞珈山上也为自己刻上年轮，同时，也在自己的心头涂上浓浓的绿色。

　　这是希望之色。

　　武大的树是有魂的。

　　其实，刚柔相济就是武大树魂，说刚，他不畏强权，不畏艰险，勇于向上，勇于登攀；说柔，他善于同其他树木相依相存，善于从各个角落汲取养分，善于生存在任何地方。

　　武大的学子也是树，是带着武大之树的魂魄走向四面八方的。武大学子的根不管植于何处，总会有一支伸向珞珈山。

　　因为，武大的养分，还在源源不断。

　　感谢你，武大的树。

　　　　　　　　　（原载《武汉大学报》，2009 年 10 月 30 日）

文学的家园

李少君

　　有时候想，一个人，活在一种风景里与不活在一种风景里是不一样的。活在一种风景里，就意味着活在一种诗意的生活里，也就是活在一种美好的、微妙的心境里。在这样的心境中，不用说，快乐也是透明的，连忧伤、苦恼也是相对淡淡的、缓慢的，可以慢慢咀嚼的，而这样的心境，是文学的营养剂，是最适合文学产生的土壤。

　　我有幸一直生活在这样的一些美丽的地方。现在是在海口，永远有碧海蓝天白云的地方。原来，则是在珞珈山，一个有山有水有灵气的地方。

　　我注意到，从珞珈山出来的人，都会有一种忧郁的、散淡的但内心却相当固执、有所坚持的气质，这种气质在文字中反映出来，则是某种沉郁而虚幻的诗意。无论内容何等悲观、低沉甚至绝望，但总会有一些亮色，一些隐隐约约但贯穿始终的理想化的向上的气息，有时甚至像是乌托邦一样的幻想，诗人里面的代表是王家新，小说里面的代表则是方方。

　　我现在还记得读方方的《风景》与《桃花灿烂》这两篇小说时的印象，也都是一种绝望，对于生活的绝望，对于爱情的绝望，但总体看来，却总是呈现出某种罕见的艳丽，如珞珈山上瞬间即逝但也在瞬间显现出异样光彩的樱花，一下，就将人心照亮了，将阴郁的不堪忍受的污浊的生活照亮了。

是的，珞珈山上无处不是这种青春的忧郁、阴暗的内心与烟花般瞬间绽放的美丽的交相闪现。在桂园的女生宿舍前，在樱花大道上，在山坡的银杏树下，在梅园的林荫小路上，在枫园的密密丛林里，在东湖边，到处晃悠着那种脸上刻着青春的痛苦、内心怀着疑问与哀伤的男生女生，但他们只要一踏进那些美丽的深处，苦闷与哀愁就会缓解，美丽的风景就会抚慰他们的心，往往，他们散步一圈回来之后，就会心情开朗起来，就会内心喜悦起来，于是，他们就急于把这一切告诉同龄的朋友，他们就会在日记本里，在电脑前把自己的感受写下来……这，也是武大一直盛行文学创作的原因，也是武大的文学社始终活跃的原因。这，也是真正的文学的萌芽，是文学的真正的起源。

除了这个原因，还有一个很重要的原因。在历次的时代潮流中，珞珈山始终是一个相对安静的世外桃源。武汉本就是一个相对边缘的地方，武大在武汉就更加边缘了。所以，在珞珈山上，无论建筑还是人心，都相对地古旧、缓慢、保守，山上的草木，也因此得以自由地、野性十足地蓬勃生长，免除了被修剪的观赏植物的可怕命运。这也使得珞珈山最具自由的天然的气息，生物的多样性与思想的多元化也得到保护、培养甚至鼓励。这样的地方，对时尚与喧嚣有一种天然的消解作用与抵制。这样的地方，是最适宜文学的生长与发育的。确实，只有在喧嚣开始消失的地方，灵性才会显露，文学才会诞生；只有在寂寞的偏远的边缘，内心才会安宁，诗意才会呈现；因为文学本身就是超越性的，是超尘脱俗的。世俗开始远离，灵魂则开始浮现，文学才开始凸现。这样说来，珞珈山天然就是文学的家园。

　　当然，除了这个原因，还有很多的条件也有利于文学的培育生长。《武汉大学报》就是其中很重要的一个因素。她一直是武大学生走上文学之路起步的摇篮。几代武大作家从这里走向外面的世界，有的甚至已经走到了世界的许多角落。还有武大那些可敬可爱的老师们，他们辛勤的指点，使我们得以直入文学的中心，迅速完成写作的基本储备。还有很多很多有利的条件，我在这里不再一一细述。

　　总之，我现在还认为，无论是我们，还是更年轻的师弟师妹们，我们都有福了，我们一直在文学的殿堂里浸润着，在不知不觉中，完成了文学的自然与知识的启蒙。终于有一天，原本懵懂的心中的灵性之花在珞珈山上突然醒来，萌芽，并最终绚丽开放。（作者系校友，《天涯》杂志主编，中国作家协会会员）

　　　　　　　　（原载《武汉大学报》，2010 年 4 月 5 日）

青春的珞珈山

斯　夫

　　每当三月，每一朵樱花爬上黑黑的树梢，多像那年九月，盛大的青春年复一年聚集在珞珈山。

　　珞珈山，这青春的山。

　　当秋风一起，漫山遍野的金桂点亮芬芳的珞珈山，神圣在召唤，多少青春绽开了生动的容颜。天之南，地之北，每一个生动的青春，便毫无保留地托付给珞珈山。

　　遥远的青春，鲜活的青春，懵懂的青春，睿智的青春，歌一样的青春，哭一样的青春啊，构成了珞珈山的每一阵风和每一片云。

　　青春在这里聚集，最初的新奇和热烈还来不及消退，秋已渐渐深了，熟悉的旋律隐身于幕后。珞珈山，繁华褪尽，水阔天空，昭示出对朴素的热爱。这时候，透过日渐稀疏的树林，可以看到山的另一面，看到时间和事物的另一面。再后来，冬雪飘零，鸟雀飞尽，天空一无所有，圣洁而渺远，青春竟然如此朴素和纯净。

　　又一个春天迢迢走来，珞珈山蓬松着，积攒着生长的力量。条条道路都是那么干净，树木高大，嫩芽还没有伸出手掌，明媚的阳光把枝枝丫丫的影子投射到路面上，好像图画一样。多少年来，珞珈山的青春就这样，像图画一样。

在春风中摇曳着，那是樱花，这白色的火焰。白色的火焰，倒映在广阔的蓝天。当游人散去，夜晚的樱花，才真正属于珞珈山。夜晚的樱花，映照过多少青春的笑脸，铭记了多少青春的誓言！帆一样的樱花啊，树下的青年都这么认为：只要珞珈山愿意，就可以满载所有的青春扬帆远航。

这样的夜晚，站在珞珈山上，透过树木、虫鸣、黑暗与寂静，山下灯火疏朗，大海的航程已经照亮。

站在樱顶，站在奥场，站在行政楼旁，站在湖滨与人文馆间的山坡，从不同的角度眺望，珞珈山，永远看不够的珞珈山。从不同的角度眺望，就像从不同的角度打量我们的青春。珞珈山，每一个细微的变化都在我们血液中鼓荡起小小的波澜。多么美的青春，勇敢，张扬，甚至于轻狂。异想天开的青春啊，想让浑浊的湖水斟满美酒，想让扁担一样的教五改变模样，想把杨家湾的芦苇留在广场。多么美的青春，那时候我们固执地认为：珞珈山啊，你就应该十全十美，才不辜负这瑰丽而盛大的青春。

那打开的书本，那空无一人的石凳，那拥挤的澡堂，那彻夜的卧谈，那未完成的约会，那月光下的伫望与春风中的憧憬，那苦闷与彷徨、激越与求索，勾画出珞珈山一代又一代青春。

消逝了，遥远记忆中的 12 路车站；消逝了，从枫园到行政楼幽静的溪边小径；消逝了，新村湾与杨家湾的嘈杂、芦苇、菖蒲和月亮；消逝了，八十年代青春的狂热与辉煌；消逝的，还有机器轰鸣中的八一路、路旁的小店与流浪的歌唱。逝不去的，是风中的竹笛、雪夜的吉他，以及一代又一代青春休戚与共的名词：良知、坚守、悲悯与宽容。

　　消逝和逝不去的，都是青春的风景，都是青春的重生。

　　当青春在盛夏扑棱着翅膀，晶莹的星空又传送着祝福的清凉。一代又一代青春终归要远逝，一代又一代青春在此重生。每一次遥遥回首，珞珈山，总会让我们找到重返往日、重返青春、重返故乡的路。

　　当歌声四起，当夜晚来临，当酒到微醺，珞珈山，总会展开在我们心的原野，掀起最隐秘的疼痛和温情。那刻在山脊石头上的名字，那刻在桂园树木上的名字，那刻在我们心底的名字，所有刻骨铭心的青春记忆，闪烁着柔美的光辉。

　　明月如期而至，东湖浩渺，轻轻地荡漾。湖水的反光，把珞珈山勾出了柔和的银边。这样的夜晚，有多少人和我一样把珞珈山长久地眺望？

　　夜已经很深了，湖水轻轻地荡漾。时光如水，青春是柔软的水草，轻轻地荡漾。珞珈山，躺在我们每一个人的怀抱，紧握着青春、理想和财宝，沉入黑漆漆的梦乡。

　　　　　　　　　（原载《武汉大学报》，2012 年 6 月 29 日）

珞 珈 赋

何五元

　　珞珈有山，雄峙东湖之南，遥踞大江之阴。东临碧水，磨山依稀弄影；西起洪岳，宝塔巍然可登；南极通衢，达中南之枢纽；北揽湖光，仰屈子之行吟。登斯山也，无车马之喧，有奇瑰之景；涛声约若，清风可饮。醉山色，叹古今，其乐也陶陶，其情也欣欣——已焉哉！陶令倘在，敢无厚羡之情？

　　凭阑极目，远山含碧，近树扶疏。天际横江，轻纱一带；地尽屹楼，奇绮几何？一桥飞卧，挽龟蛇成一体；数舸直下，逐江渚几欲飞。东湖浩渺，云水笼烟；长堤戏波，一水绕碧。湖鸥点点，喧声响遏行云；游子搏浪，意气浩振九霄。善哉！斯水有乐如此耳！

　　树耸山间，草肥谷底。林荫蔽日，郁郁葱葱；花繁满树，嫣嫣灼灼。千虫鸣唱，百鸟吟歌，山富芳草之鲜美，地耀落英之缤纷。春桃秋桂，夏榴冬梅——赏奇花一树，感彻肺腑；嗅清香几脉，沁透心脾。樱花赛雪，始发仲春之际；梅朵胜缎，笑傲岁寒之末。校园四时溢香，游人昏昼如织。亭台楼阁，绿荫掩映；箫簧琴瑟，歌舞悠扬。芬芳馥郁兮最美校园，今夕何夕兮最美时光！

　　仁者乐山兮智者乐水，山高水长兮流风甚美！学堂名自

强，多难图兴邦。筚路蓝缕，朴诚有勇，育复兴之国士；颠沛
流离，玉汝于成，培干城之栋梁。风霜雨雪途，弦歌不辍；困
苦忧患时，发愤图强。壮哉！学大汉，武立国，铁肩担道义；
自强魂，弘毅气，豪情兮一何滔滔！

　　珞珈苍苍，东湖汤汤。山川壮美，泱泱兮养天地之气；澄
岚秀润，昂昂兮结青云之志。从来大师云集，兼容并包，岂分
东西南北；始终树木树人，英才辈出，皆为珞珈荣光。桃李满
园，皆时代之骄子；学子盈室，俱一世之英华。淑女窈窕，书
山跋涉；少年英俊，学海遨游。其意气一何绰绰兮，彼神彩一
何风流！——异兮！斯人斯地，无乃物华天宝，人杰地灵哉！

　　呜呼！有山美如斯，有水秀如斯，更兼有人风流如斯，珞
珈无仙亦名耳！居中乐乐，快不可言，欣然命笔，为赋珞珈是
也！乙丑年仲春五元识于珞珈山下桂园之中，癸巳年季秋改于
羊城天河。

珞 珈 红 叶

江作苏

　　珞珈之韵，不在一端。然红叶之炽，跃然于绿，补盛于岭，别成一格。秋至之时，叶红霜白，千万姿态，升腾焕发于万顷东湖碧波之侧，凝神定气，自奋有形。

　　珞珈不在险峻，逶迤而婉秀，远观近玩，形貌各异。然绿阴平铺，影树杂陈，森森然然，绿绿融融，炎炎夏日不见汗津，乃游人之喜。

　　有枫一园，偎山而存，枝干细密，叶呈三角。新春之际，翠绿添光；盛夏之时，森然献凉；迤至秋光，叶灿添焰，卓然有态，大气乃成。吾每欲手触红叶，纳风采于掌，然红叶之姿长于群观，不善独擅。一叶之姿虽存，群山染遍之势更盛。犹滴水巨浪，虽有相通，势所有别。

　　枫林书声，风涛林影，钟灵珞珈，端然瑞景。吾曾徜徉林下，游吟漫行，悉心向学。至青春不再，红叶犹存，杂忆常新。然枫叶之魅，随岁而增，爱其风姿，不独国人。今之珞珈，学子浩众，来自环球，肤色各异，风俗相映。红叶相系，枫色互联，求学于山上岭下，会友于湖畔林阴，乃成当今珞珈文明之盛。

　　枫红松绿，樱粉荷嫩，珞珈蕴秀，风姿远播。爱其深宏，方致幽远，巍巍学府，国之干城。

（作者系湖北日报传媒集团董事长、党委书记、社长、总编辑，省记协主席）

（原载《武汉大学报》，2009 年 12 月 13 日）

晨早的樱园

梁 子

晨早的樱园
沐浴在春的怀抱中
我急忙赶来
寻找诗的素材

大柏树的绿叶啊
炯炯有神望着我
我轻轻向它摆摆手：
"早安啊，柏树"
滴溜溜的叶子高兴得
直打转

刚刚被水洗涮过的斜坡
还残留车轮的影子
那是风刮过的痕迹
还是朝霞走过的足彩？

樱花的城堡凌厉伸张着

巍然的梯阶仿佛一阶阶音符
跳跃不停
奏响了珞珈的春天
吹遍了绿的希望

那片小树林
小鹊在欢快地鸣叫
我轻轻地踏入
啪-啪-啪
鹊子像初生的婴儿
惊恐地飞入天空中

不怕，不怕
我的小麻雀
我只是想和你在一起
一起咏叹容光焕发的
美人儿：春天

女生在朗诵
老人在散步
桃枝笑盈盈张开双臂：
来吧！到我这坐一会吧！

湿土的气息
嫩叶的清香
全都扑鼻而来
我仰望远处的珞珈山

深深吸了一口气：
若问我为什么到这里来
只因为我深深地爱慕着这个校园！

珞珈四季
（清平乐词四首）

刘　荣

春·樱花

三月樱花，淡淡满枝桠。山上山下似云霞，漫染琉璃碧瓦。

丽丽游人如画，寻芳不去天涯。赏花莫误良时，忙了三镇人家。

夏·梧桐

六月梧桐，绿冠似苍穹。林荫大道八面通，清风凉在心中。

珞珈美在仲夏，白衣红裙飘洒。梧桐树下旋转，歌声伴着吉他。

秋·桂花

八月桂花，香飘满山洼。年年金秋硕果佳，收获正在时下。

玉兔相伴桂树，明月清照珞珈。万里互祝心语，青枝新芽多发。

冬·梅花

腊月梅花，傲骨挺且拔。不与百花争高下，一枝独秀珞珈。

梅园花开正艳，幽香弥散室间。有朋远来寻访，这里满是春天。

（原载《武汉大学报》，2010 年 11 月 5 日）

咏 樱 花

吴根友

迟到樱花耀眼开，
云霞灿烂蜂蝶来。
年年岁岁花相似，
岁岁游人不同怀。

樱花初放雨纷纷，
游人梦里欲断魂。
龙王无趣败春意，
一瓣落英一泪痕。

雨后樱花更妖艳，
校园游客甚公园。
撷取春光一瓣美，
钓君思念到从前。

春光岂只属少年？
客里媪翁亦翩跹。
一笑莞尔樱树下，

风撩花影羡神仙。

霜煎雪压几多时，
初放偏遭风雨摧。
缤纷樱落彩蝶梦，
尽化明年枝头诗。

（原载《武汉大学报》，2012 年 4 月 27 日）

放歌行吟

山高水长，歌之咏之，一所大学，吟唱着不老的青春之歌。

曾经的校歌

学 堂 歌

天地泰，日月光，听我唱歌赞学堂。
圣天子，图自强，除去兴学无别方。
教体育，第一桩，卫生先使民强壮。
教德育，先蒙养，人人爱国民善良。
孝父母，尊君上，更须公德联四方。
教智育，开愚氓，普通知识破天荒。
物理透，技艺长，方知谋生并保邦。

最尊贵，是太阳，行星地球绕其旁。
地球圆，微带长，万国人物生四方。
热带暑，寒带凉，南北极下皆冰洋。
温带下，中华当，赤道二十三度强。
测经度，直线量，京都起算作中央。
三百六，全球详，武昌偏西两度强。
测纬度，横线长，赤道南北定准望。
四十度，北京方，三十度半是武昌。
五大洲，非渺茫，地球东半亚洲广。

欧西方，澳南方，美洲对我如反掌。
阿非洲，西南望，天气毒热地多荒。
中国圆，日本长，同在东亚地球上。

我大清，初发祥，南抵鸭绿北龙江。
奉吉黑，东北方，包在舜代幽州疆。
十九省，禹迹广，从古文明最盛强。
内蒙古，六盟长，从前曾服汉与唐。
外蒙古，四汗王，元朝和林建牙帐。
西北数，是新疆，都护属汉北庭唐。
指西南，是卫藏，国家设官佛坐床。
昆仑山，来脉长，辙迹曾见周穆王。
黄种古，白种强，黑蠢棕微红种亡。
我黄种，偏东方，满蒙汉人都一样。
中国水，三大纲，黄河黑水扬子江。
淮通江，济入黄，四渎今只二渎长。
中国山，两干强，南干五岭北太行。
数名山，五岳望，四镇亦载周职方。
中国海，东南方，奉直东苏浙闽广。
开口岸，入内港，四十余处新通商。

辟中国，始三皇，皇帝尧舜垂衣裳。
洪水平，五伦讲，黎民于变愚变良。
稼穑教，礼乐匡，夏忠商质周文章。
指南车，定方向，天下地图司徒掌。
舌人官，译寄象，书名文字达四方。
讲化学，美土疆，天官地官冬官详。

寓兵制，农隙讲，士民射御人人强。
重路政，通旅商，道多莆草知陈亡。
最文明，此五样，莫道圣王薄富强。
孔圣出，六经昌，三千弟子共学堂。
作春秋，振王纲，乱臣贼子敢猖狂。
兼文武，门人强，贡若冉樊存鲁疆。
焚古书，圣道丧，愚害中国秦始皇。
文明世，汉最强，其次威力数李唐。
六朝弱，五代莽，中国教育久芜荒。
宋一代，空谈尚，重文轻武取灭亡。
元兵猛，欧洲降，因无教化不久长。
明一代，少圣王，专重科举弃良将。
戮忠臣，任阉珰，天下无主归李闯。
我大清，起辽阳，扫平流贼民归向。
圣继圣，德泽长，极盛尤推康熙皇。
薄赋税，轻刑章，汉人一体为将相。
我慈圣，临朝堂，中兴盛业合同光。
平内寇，和万邦，如此功德岂可忘。
切不可，信乱党，乱党推戴太平王。
毒天下，是洪杨，杀害同种如草莽。
赞发贼，骂湘乡，此人岂非病风狂。

说科学，须兼长，一日六钟并不忙。
读五经，诵勿忘，先讲大义后精详。
修身学，重伦常，孝弟爱众尊师长。
历史学，知已往，世界变迁弱变强。
地理学，先本乡，由近及远分方向。

中国外，有列强，勿学井蛙拘坳堂。

算数学，简为上，比例代数捷非常。

八线表，不用想，能通几何包九章。

博物学，穷天壤，卫生益智心开朗。

理化学，原质详，配合制造通阴阳。

辨炭酸，分硫养，火药全仗硝磺镪。

电矿气，力声光，理化门门有专长。

图画学，摹物状，先用毛笔后尺量。

政法学，治国方，后生浅学莫躁妄。

陆军学，分两堂，战术计画戒鲁莽。

沟垒速，地形相，火器测准马善养。

体操学，关衰旺，人人胜兵其国昌。

小学略，中学详，外国语文习一样。

高等学，通两邦，师范须明教育方。

实业学，农工商，谋生有术国力强。

方言学，少胜长，专备交涉使四方。

大学内，分八项，专门经济佐庙堂。

通儒院，精思想，新理著书胜列邦。

识字多，有理想，不入小学如聋盲。

小学成，知识亮，改业谋生并无妨。

学国文，文理畅，方解经史古文章。

学英文，用处广，英国商务遍华洋。

学日文，近我邦，转译西书供采访。

学法文，各国尚，条约公牍须磋商。

学德文，武备详，专门字义皆确当。

学俄文，交界长，教习虽难也须讲。

腊丁文，古义藏，随意学习不勉强。

说乡贤，知趋向，愿学孔道楚陈良。
不爱钱，叔敖相，贤子负薪无宦囊。
不爱官，子文尚，仕已无愠忠名扬。
读书多，左倚相，能道训典宗先王。
申包胥，忠勇将，乞师恢复楚家邦。
屈灵均，志行芳，忠言力谏楚怀王。

说名宦，知宗仰，湖北宦迹多忠良。
汉诸葛，扶汉皇，联孙破曹定荆襄。
晋陶侃，惜时光，登舟起义复建康。
宋岳飞，封鄂王，精忠刺字保宋皇。
至我朝，胡益阳，爱民礼士选良将。
东征本，在武昌，越境出师发贼亡。
东西境，贯长江，南北铁路通两洋。
湖北乱，扰四方，湖北治安天下强。

庚子年，拳匪狂，北省兵火三次殃。
湖北省，和约倡，长江人民享安康。
派赔款，搜索忙，各省分派民与商。
湖北省，免捐项，就将此款兴学堂。
早兴学，民盼望，各省开办无定章。
湖北省，二百堂，武汉学生五千强。
派出洋，学外邦，各省官费数不广。
湖北省，采众长，四百余人东西洋。
我同学，生此方，切莫辜负好时光。

卫文公，守残疆，训农劝学是首倡。
既惠工，又通商，革车三百季年强。
越勾践，把胆尝，生聚教训忙培养。
式怒蛙，士气扬，六千君子破吴王。
燕昭王，国耻伤，黄金台上招贤良。
赵乐毅，来外邦，七十二城夺齐疆。
俄国强，彼得皇，亲到荷兰学船厂。
德国强，由毕相，人人当兵复故疆。
胜强敌，合联邦，皆因小学人才昌。
日本强，由尊王，志士伊藤与西乡。
三海岛，雄东方，一国三万小学堂。

波兰灭，印度亡，犹太遗民散四方。
埃及国，古老邦，衰微文字多雕丧。
越与缅，出产旺，权利全被他人攘。
看诸国，并于强，只因不学无增长。
中国弱，恃旧邦，陈腐每被人讥谤。

守旧党，老且尪，奉劝警觉醒睡乡。
第一戒，抛烟枪，壮夫志气皆销亡。
少行动，多卧床，百岁光阴灯畔荒。
第二戒，缠足放，刖刑残废也相仿。
不耐劳，娇惰养，生下子女不强壮。
第三戒，风水妄，不敢开山与通江。
美富多，五金矿，任他抛弃在山冈。
第四戒，惹祸殃，切莫闹教起风浪。
青岛澳，属外邦，旅顺广湾教照样。

拳匪乱，惊庙堂，赔九百兆本利长。
第五戒，鄙外洋，切莫自大学夜郎。
顽固见，须扫荡，中国方可望发扬。

维新党，多躁狂，奉劝少年须安详。
自由字，莫误讲，法律范围各国章。
民权字，莫狂妄，法主暴虐乱民张。
我伦理，莫逾荡，外国爱亲敬君王。
我圣教，莫抛荒，文明国粹保久长。
看日本，改西装，孔教汉学最尊仰。
革命话，莫鸥张，悖逆之名不可当。
入外籍，莫炎凉，身后遗产归公帑。
女平权，莫改常，外国议院无女妆。
叛逆报，莫受诳，此辈甘作会匪党。
哥老会，烧杀抢，犹如黄巢与献闯。
中国好，外人想，赖有共主坐朝堂。
国无主，瓜分亡，渔人得利乘鹬蚌。
好兄弟，不阋墙，何况背主取灭亡。

众同学，齐奋往，造成楚材皆贤良。
文善谋，武知方，学中皆是国栋梁。
荀卿子，歌成相，此歌劝学略摹仿。
中国盛，圣教光，黄种尊贵日蕃昌。
上孝慈，下忠良，万年有道戴吾皇。

（原载《张之洞全集》，河北人民出版社，1998 年第 1版）

国立武昌高等师范学校校歌

乾坤清旷，师儒道光，国学建武昌。
镜湖枕麓，屏城襟江，灵秀萃诸方。
东西南朔，多士跄跄，教学益相彰。
朴诚有勇，陶铸一堂，学盛国斯强。

国立武汉大学校歌

黄鹄一举兮，知山川之纡曲，
再举兮，知天地之圆方。
试选珞珈胜处，安置百亩宫室，
英隽与翱翔。
藏焉、修焉、息焉、游焉，
鸡鸣风雨，日就月将。
念茫茫宇合，悠悠文物，
任重道远，来日亦何长。
努力崇明德，及时爱景光。

（综合袁桓昌校友回忆歌词，何淑英校友提供词曲两个版本）

武汉大学代校歌

东湖之滨，珞珈山上，这是我们亲爱的学堂。百年沧桑，弘毅自强，根深叶茂育桃李，满园芬芳。啊，美丽的珞珈山，多少雄鹰竞翱翔。

扬帆长江，奔向海洋，这是我们成长的地方。德业并进，求是拓新，大同寰宇向未来，我创辉煌。啊，心中的珞珈山，今朝多磨砺，明日作栋梁。

原武汉水利电力大学校歌

湖光山色如画，水电学人奋发，我们传递着大禹神话，追日圆梦想，豪情寄三峡，当先行送光明照耀我锦绣国家。

清风伴随弦歌，波涛孕育精华，我们沐浴着绚丽朝霞，游园泛新绿，折桂有奇葩，育桃李满天下振兴我巍巍中华。

原武汉测绘科技大学之歌

我亲爱的校园人杰地灵，
我美好的青春在此凝练，
敬爱的老师为人垂范，
奋发的同学友情挚诚。
科苑百花竞放，学海万舸争游，
揭示天地奥秘，探索科学规律。
集纳世界文明，辉煌中华精神，
学习学习学习，攀登攀登攀登！
我们是跨世纪的一代，
把自己永远交给人民。

难忘的回忆

（原湖北医科大学校歌）

美丽的校园坐落在东湖之滨，医学的摇篮横卧在扬子江畔。

健康所系，性命相托，救死扶伤，神圣的使命。

恪守医德，牢记医训，

刻苦学习，不断创新，忠诚事业，服务人民。

为祖国医学发展，

为人类身心健康，

努力，努力，奋斗终身。

校 歌 品 鉴

佚 名

纵观武汉大学历史，正式作为校歌的乐曲主要为四首：学堂歌、国立武昌高等师范学校校歌、国立武汉大学校歌、现校歌。以下分别予以叙述。

一、学堂歌

为晚清湖广总督张之洞所创，受外国学堂歌曲及中国古风影响，主要目的是"感发其忠爱之忱，鼓励其自强之志"，格式为六字句加七字句，共分十三段。乐曲曲调厚重凝实，铿锵有力，沉稳中而有起伏变化，充分体现了学堂的神圣与教育的庄严，可谓为佳作。但由于学堂歌按令"遍发湖北通省各学堂、各军营"，严格意义上并不能算作是自强学堂或方言学堂的校歌。

二、国立武昌高等师范学校校歌

是武汉大学前身国立武昌高等师范学校的校歌。校歌在张渲校长主持下作成，词曲作者不明。曲调婉转飘逸，似从云中飞过，同时又落地有声，无有虚无缥缈之感，代表了师范学校教书育人、刚柔并济的特点。就歌词而言，本词开门见山，抒发天地安泰、普道尊儒的思想，表现了传统师范教育的精神特点。综观全词，浑然天成，一气而就，以四言五言之传统诗词形式，并工对仗格律，充分表现了武昌高等师范学校的办学宗旨、理念与特色，令人闻歌识校，难以释怀。

三、国立武汉大学校歌

武汉大学校歌创作之巅峰向无争议，是为国立武汉大学校歌。该校歌于 20 世纪 30 年代创作，词曲作者亦不详，现今版本国立武汉大学校歌系由袁桓昌校友回忆歌词，何淑英校友提供曲谱而得，与其他版本或有不同。全词极尽引经据典之所能，文言歌词虽有晦涩难懂之嫌，但其音律协和，意蕴深远，则远非白话所能及。歌词采用文言，并非有些人所谓的故步自封、保守陈旧，而是对传统文化以及学校精神遗产的继承与发扬。校歌为大学之门户，代表大学之形象、大学之精神。国立武汉大学作为名师云集、众才合璧之高深学府，承载了中华数千年传统文明，并极力吸取西学之所长，如此理应以深邃高远之文言雅句来表现本校、宣扬本校，而远不是寥寥数行白话文所能展示的。在结合文言韵律的基础上聆听国立武汉大学校歌，方才酣畅淋漓。听毕凝思，词曲皆紧凑衔接，一气呵成，荡气回肠，曲调婉转多情而又似催人奋进。综览全词，跌宕起伏，层次分明，顺势便将国立武汉大学的景、情、人、思不露痕迹地结合在一起，予人以雄浑壮丽而又间杂轻盈柔和之感，实为不可多得的佳作。

四、现校歌

由珞宣作词，陈国权谱曲，严格意义上说是代校歌，为 1998 年所征集。其歌词为白话，虽通俗易懂，然略显轻薄。

按毛翰的话说，"（现校歌）远不及其国立时期老校歌的典重隽永"。现校歌主要以现校训作为校歌的中心。但除此之外内容较为空洞无物，诗韵不足，意象也略为死板，因此不能全面体现武汉大学的学校精神与办学理念。现校歌虽然轻柔优美，但曲调过高，使得未经过专门音乐发声训练的同学难以按原调唱毕乐曲。综论之，现校歌是具有时代气息的一首歌曲，但却并不适合用作有着百年辉煌历史的武汉大学的校歌。

（原载 wwwljw12345 的新浪博客，2010 年 8 月 15 日，本书有删改。http://blog.sina.com.cn/s/blog_4434d74a0100llzf.html）

珞 樱 1

朱旻等

01 情人节（旁白）

他听着自己的歌，睡着了……

2月14日情人节，清晨的阳光和他的好梦同时醒来。这一天，注定不同寻常。

10点半的飞机场，人并不是很多，可分明感觉有一种向心的漩涡式的情感向自己袭来，他也不知道是怎么回事。

候机厅里也有人捧着鲜花，就是那几种颜色。

空姐朝他微笑着，他知道，这些花儿本该放入行李箱托运的，但自己实在太想放在身边了。

飞机进入云端，安全带指示灯熄灭。他松掉安全带，插上耳机。

02 樱园梦

词：朱旻　曲：蒋志轩　唱：侯艳筠　编曲/钢琴：胡丽娜

追飞扬花瓣　追飞走的梦

登上城堡远望　遥岑入明眸

湖光与山色　山烟与阁楼

天边掠过流星　身边人无踪

许个愿　就当是　梦一场

遥想当年　勇气灌肠　登顶望空

日日笙歌入夜　人生尽欢

笑谈世俗　年少不知愁滋味啊

天高任我飞　痛也敢追　也不悔

时过境已迁　岁月啸耳边

蓝色女孩已成　春日樱花梦

光阴虽无刃　抽走留伤痕

风拂城脚无声　夜深催人冷

再登顶　望皓月　哭一场

还曾记否　黑白相片　那日楼头

一颗心如何不向磨难低头

再次看到风吹过　樱花儿飘落

不认识的身影在追逐　不肯走

03　老图书馆（旁白）

那一年，他 18 岁。告别了多年的樊笼生活，登上列车，只身一人来到这樱花城堡。

办完所有的入学手续，在郁郁葱葱的樱园楼头兀自沉思。他梦见飞扬的花瓣儿随着风飘洒在夜空，温柔地包裹了自己幸福的心。

在青涩又生机勃勃的色调中，身后威严庄重的老图书馆和自己身轻如燕的心情，现在想起来已是那么的亲切而遥远。

04　飞鸟与冬天

词曲编唱：阿猫阿狗　　吉他：黄友敬

猫：翻开了寂寞的旧抽屉　我又看到了你写的诗

拨开了沧桑忧郁的诗行　我又读到你清澈眼光

狗：那是多年以前我们交换的字　在岁月流逝中渐渐发黄

你那时候写下的每个句子　还在遥远回忆里轻轻唱

猫：那年冬天我们望天空　一只飞鸟张开了翅膀

你说你像冬天里的落木　我像飞鸟掠过蛮荒

狗：你苍白的脸映着飞扬的雪　企盼目光穿越了许多年

我们的事静止在时间的缝隙　凝结成无声的冰

猫：我到哪里去寻找这样的地方　那里分分秒秒不再飞逝

狗：我到哪里去珍藏相遇的光芒　让你的诗在冬天唱

猫：风吹着不知迟暮的年华　青春的花凋了不开了

岁月的霜刀刻下生命的年轮　记载着幸福的永恒

狗：你流落在他乡的风风雨雨　是我寂寞抽屉里的字字句句

我期待着我们某天能相遇　再去看看那些老去的诗

猫：我到哪里去寻找这样的地方　那里分分秒秒不再飞逝

狗：我到哪里去珍藏相遇的光芒　让我的泪在风里飘

合：飘过了冰雪的峡谷去寻找　飞鸟飞过的痕迹

而它　已远走

05　枫园（旁白）

深秋的一个傍晚，整个枫园都被染红了。不知从哪个角落传来校园广播的声音，隐隐约约的。

那时的他最喜欢《艺海樱花路》这个节目了，一听就是四年，因为主持人是他的初恋。

虽然节目早已被取消，但在他眼里《艺海》永远都是一朵玫瑰。

夜里的灯无力地发出淡黄的光，把他的脚步放慢下来。这样的季节配上这样一种景色最容易将一个人留在心中了。

06 合 照

词：朱旻　曲：黄友敬　唱：黄钟仪

编曲：黄友敬　吉他：黄友敬、邓刚　前奏和声：侯艳筠

纵然这合照中是朋友

却不愿摆上桌面证明我怀旧

逼回忆逗留

洒思念沉入酒

心痛时一口　就足够

你在那边还想我是否

我知你最擅长交新的知心朋友

一封封 EMAIL

串串温暖问候

也摇不起对岸的小舟

落樱缤纷　我的灵魂

和着节奏　穿梭行走

幻觉爱上这花瓣　盛开后落无忧

秋去春来　花落会开

我们何时再回头

倘若沦为合照朋友
一切是曾有　不回首

07　鲲鹏广场（旁白）

一个懒懒的晚上，他独自走到鲲鹏广场，那只鲲鹏鸟被人们围在中间。

有个小型的校园演唱会，主唱看上去是个放荡不羁的帅哥，很差的普通话，唱出的歌词也听不清楚，但能听出他的愤懑。

电吉他卖力地挥舞着，音响狂躁地振动着，鼓槌雪点般砸到鼓皮上。

那几个人后来说，要毕业了，要离开武大了，9月再也闻不到桂花香了，再也不能被大一新生的军训口号声吵醒了。

那一瞬间，他忽然感觉到那样的一种放荡不羁与眼前美丽的珞珈山原来是如此的和谐。

08　晒太阳

词曲唱：邓刚　编曲：发条橙子乐队　吉他：邓刚　贝斯：程斌　鼓：杨岑

我不知道我每天的生活到底为什么
除了吃饭睡觉就是弹吉他
偶尔也和朋友一起聊天逛逛街
剩下时候我就在浪费时间

身边的朋友　都在忙碌的生活

都在为了自己的理想而努力奋斗
没有理想没有抱负是混蛋一个
而我不想说什么
我也不想做什么
我只想抱着我的吉他早点睡了
也许明早一起来又是新的一天
我又会和朋友一起到楼顶
晒太阳

孤独的时候我会一个人抽烟
我会把自己关在房子里面听听音乐
而你总是吵着要和我见面
叽叽喳喳蹦蹦跳跳地闹个不停

而我不想说什么
我也不想做什么
我只想抱着我的吉他早点睡了
也许明早一起来　又是新的一天
我又会和朋友一起到楼顶
晒太阳　晒太阳　晒太阳

为什么我的女朋友吵着没钱没钱
为什么每个人总是想着出国考研
为什么有了好的文凭才能找到好的工作
为什么有了好的工作才能娶到好的老婆

09　无名湖（旁白）

道路出现分叉，没有水汽，却有水的声音。

究竟是哪位前辈把校园中心设计为一潭碧水的呢？是想给人以浪漫的寄托吗？

还是想让人们思考：小湖不游，何以游江海？

他曾无数次在斜阳下从这里走向情人坡回老斋舍，却一直不知道这河塘的名字。

若有生之年的某一天能知道她的名字，多想再回到这里，将她轻轻地呼唤。

10　多　　想

词曲编唱：阿猫阿狗

狗：想就这样和你把青春走过

想就这样和你看带露的花朵

猫：想要一双翅膀　牵引你去流浪

远离尘世白云会告诉你我多想

狗：想就这样和你把梦想实现

想就这样和你听最美的和弦

猫：想要一束星光　和你一起飞翔

远离忧伤黑夜会告诉你我多想

狗：每一天我从凌晨醒来

每一夜梦中都哭出来

每一颗泪珠都闪烁着我的爱

猫：每一天我在原地徘徊
每一夜梦中幻想精彩
每一个微笑都是因为你的关怀

狗：多想你洒满阳光微笑着的脸庞
失眠的夜里我们聊到天亮
猫：多想和你一起飞过时间
去看多年以后沧桑的容颜
狗：多想你轻轻歌唱注视我的目光
未来的心愿和彼此一样
猫：多想和你一起回到从前
把我们最爱的歌再唱一遍
合：我多想

11　湖滨（旁白）

那些天，疫情来袭，封了校，武大变成了一个安静的花园。

他知道湖滨后面有一条山路可以绕出去，就找了个借口和女友一起走到校外，这才发现平日熟悉的东湖原来是如此的美丽。

路边山坡上的护墙有好多的小花，它们见证着鸟儿落下又飞走。湖滨宿舍依稀传来同学们的欢笑，丝毫感觉不到疫情的恐惧。

这么多纯净的心情，一年又一年，倾听着琴弦起声又平静。

12　二十岁的路上

词曲唱：朱旻　编曲：黄友敬、蒋志轩　吉他：黄友敬
从前我哭的时候妈妈对我说　长大了就会坚强
后来我的老师对我说　你们要学大人的模样
现在想那时少不更事　却有种做大人的欲望
经历了风风雨雨　明白这世界远非想象
二十岁的脸上　天真不自觉被遗忘
二十岁的脸上　飘荡不经意的痴狂
二十岁的脸上　隐藏遥不可及的想法
二十岁的我　无人在身旁
如今回头看一看　过去留给我些什么
感觉像沙漏一样　被封闭却不停奔忙
现在我想开个天窗　带着所有离开荒芜
哪怕粉身碎骨　不怕牺牲愿赌服输
二十岁的眼睛　反射不能回转的时光
二十岁的眼眶　充满虚度的泪光
二十岁的路上　谁的浪漫原地飞扬
二十岁的你　是否和我一样？

13　桂园（旁白）

　　9 月，桂园的桂花会集体绽放，整个校园花香四溢醉人心魂。

　　在周末的午后，在那温暖的阳光下，慵懒的男生们喜欢爬上宿舍顶楼，享受这份天赐的惬意。

琴声、球声、欢呼声和谐地回响。

桂园的女生们熙熙攘攘地走过，纯净的目光飘过这些阳光下的青春画卷，却不知自己早已融入到这风景中了。

14　永远是你

词：胡雪芬、杨岑　曲：邓刚　唱：江将

编曲：发条橙子乐队　吉他：邓刚　贝斯：程斌　鼓：杨岑

　　明天的路很长　希望紧握在手中

　　看外面　大千世界令人向往

　　回首无知的过去　是你满脸的无奈

　　我有多么想　弥补我对你的伤害

　　可是我　偏装出叛逆的模样

　　其实内心中　最最珍惜的是你的关爱

　　只有你　才是我远方的牵挂

　　离开你以后　这世界里温暖还会伴我多久

　　但我总有一天总要长大

　　但我总有一天终要离去

　　只愿你想起我时　想到的是骄傲

　　当你一天一天渐渐老去

　　而你最后还会离我而去

　　我仍会告诉世界　我最爱的人是你

　　离家的心很乱　青春的梦在激昂

　　不犹豫　海阔天空任我闯荡

　　是你给我的一切　我要让它精彩

　　懵懂岁月里　享受着无尽的关怀

你给了　能融化一切的爱
颓废落寞时　有你生命才有转机
我明白　这都是无私的付出
无论在何时　对你的思念是我生命中的永远
但我总有一天总要长大
但我总有一天终要离去
只愿你想起我时　想到的是骄傲
而你最后还会离我而去
我仍会告诉世界　我最爱的人是你
永远是你

15　梅园小操场（旁白）

半夜两点了，老三还没回寝室，手机关机，肯定又是为情所困出去喝酒了。

寝室长说：大伙分头找找吧！于是两路人马立刻出动。

思路完全正确，老三正靠在梅园小操场的一个篮球架旁，摆着失意的造型，那晚是第一次看到这位东北大汉掉眼泪。

他醉醺醺地告诉大家，这里是他和他女朋友相识的地方，他说一切都结束了。

黑夜即将过去，只有亲兄弟才会在深夜把酒醉的你抬回去，被你吐得一身。现在的老三，你在哪儿啊，偶尔是不是也会为兄弟们掉眼泪呢？

16　重回世界

词曲：朱旻　唱：鲁静　编曲：蒋志轩　　Midi：蒋志轩

小提琴：王若扬

世纪末的游戏结束算了
这寂寞的结局接受算了
别理那些眼泪洒了算了
是最后的一面是吗算了
在迷失中沉默中散了算了
在夜色中朦胧中散了算了
在空气中僵持中融化算了
在混沌中现实中认清算了
记得那天拨动琴弦闯进你的世界
记得那天河堤边你梦幻誓言
一瞬间时间模糊清晰的脸
只留下残声笑语响彻耳边

17　樱园（旁白）

在他还是樱园居民的时候就知道有个已经工作的校友每个周末夜晚都会回来，坐在樱园二舍上面的风箱上弹唱。

一把破吉他吸引着周围星星点点散步的人。毕业后很偶然的一次在火车上又听到了这首歌，突然很想念这位师兄。

听说他已经成为了一名人民教师，不知现在他还会不会去学校弹吉他，还会不会让周围的人从他的琴声中想象曾经在这里发生的故事。

18　樱花树下的家

词曲编唱：彭挺

半个月亮珞珈那面爬上来　又是一年三月樱花开
这一别将是三年还五载　明年花开你还来不来
我真想这一辈子坐在樱花树下　弹着我的破吉他
雪白的花瓣贴着脸颊飘落下来　美丽樱园我的家
蔚蓝的天空有朵朝北飞的云彩　燕子从南方悄悄把春天捎来
绿色的春风吹开了今年的故事　你不经意离开捎朵花儿头上戴
暖暖的阳光唤你梦中醒来　窗外的花才刚刚开
当年的日子早已凝结心上　像露珠儿花瓣上徘徊
熟悉的歌儿在这寂寞的日子里再次在平台上回响
唱歌的人已披着她的梦想去了彩虹的那一边
流浪的小孩感到了疲惫的时候　樱花树下的家盛开着等你回来
半个月亮珞珈那面爬上来　又是一年三月樱花开
这一别将是三年还五载　明年花开你不再来
我真想这一辈子坐在樱花树下　弹着我的破吉他
雪白的花瓣贴着脸颊飘落下来　美丽樱园我的家
梦中的樱花伴着珞珈的晚霞　你我曾在樱花树下渐渐长大
明天你起航去向天涯海角　别忘了咱们樱花树下的家

19　毕业分别（旁白）

他记得离开校园的最后几个晚上，和兄弟们谈论理想和现实，希望和无奈。

那时的歌儿现在还在唱吗，歌词还记得吗，他不停地问自己。

　　眼前的一切让他联想到自己当时的年少轻狂，更让他回忆起毕业分别时的一幕又一幕。莫名的，忽然心酸起来。

20　原来系咁（粤）

　　词：黄友敬、四眼　　曲/唱/编曲：黄友敬　吉他：黄友敬、邓刚

距话一个人唔系屋企闷闷地
三更半夜稳个人黎陪下你
喂　你好　点解唔番屋企
却要四处流离
一个人抱着啤酒樽
独坐在冷清的街中
街那头有人抱拥
寂寞暗涌
那晚里　冷冷的距
漆黑中　冷眼相对
这晚里　已远走去
心碎　寂寞流泪
原来系甘啊（系啊）
哦　好小事嗟（你以为罗）
点解唔顿番距
承认自己不对
真系有甘简单（有甘简单）
回头望那两个人
唔知几时已经起左纷争
心里头　似是有根　透心的针

刺痛我　心每一角
唏嘘中　懊悔当初
喝醉过　纵使醒觉
这刻我　亦是无助
原来系甘既（点啊？）
我终于明白（即系点嗟？）
两个人系埋一齐最紧要坦白
并唔系我爱你你爱我果种坦白（啊？）
而系要将个心交出来　等区明白（明白　明白）

21　重回母校（旁白）

情人节的今天他捧着手上这束鲜花，走遍母校校园的每个角落。

疯狂的老板不给他一天的假期，明天一早还要返回工作的城市。同学们早已各奔东西，只留下虚拟的网络上的热闹。

他独自一人走在曾经无数次走过的地方，让眼前一切变化和永恒尽入眼中。

他相信，既然深爱，就要不怕辛苦地回到爱人身边，回来重温那个美丽的梦。

22　珍　　惜

词曲唱：阿猫阿狗　　编曲：蒋志轩、黄友敬　　吉他：黄友敬

狗：朋友　请你不要难过

青春马上就要起航

为你擦去离别的泪水　为我留下你最灿烂的脸庞

猫：回首　我们一路走来

每支歌都留下了足迹

曾经的欢笑和悲伤　我们的心紧紧连在了一起

合：虽说天下没有不散的筵席　但是我们懂得珍惜

当岁月定格成了照片　朋友们都各奔东西

虽说天下没有不散的筵席　但是我们懂得珍惜

当美丽都变成了回忆　我们还在一起　我们还懂得珍惜

狗：当火车匆匆地驶向远方

猫：大街上仍旧是人来人往

狗：抬头看看天空中那一朵白云

猫：还在回想

狗：还在回想

合：你的模样

23　珞樱（旁白）

又是一个鸟儿争鸣的清晨，窗外有淡淡的晨雾，给人甜甜的回忆。

他听到嗡嗡的钢琴声，是谁在清晨弹奏？他听说过珞珈山的传说，像音乐盒一般发声的故事。

然而他不信，捧着花儿向外走，想找找这琴声的源头。

下了有点湿的阶梯，他敏感的耳朵也辨认不出声音的方向，因为自己仿佛置身于一个剧场内，没有准确的来源。

他并不失望，看了一下时间，离返程飞机的起飞只有两个小时了。

　　轻轻地，一个人在樱花大道上，在一株樱花之下，用手挖开一个土坑，把花儿捧在手中种下，再用土把它埋好。

　　站起身来，回头望一眼珞珈山，晨雾，尚未退去……

冲动源自内心深处的渴望

武大老哥

1999年春天，武汉大学1995级学生开始了他们离校前的各种活动，几乎每次活动都有同学唱彭挺自创的"樱花树下的家"，次次都能让全场的人潸然泪下。那时我才大三，却和大家一样，每次听都会激动不已，还写了很多听后感。

毕业后，我顺利进入了深圳华为公司，工作两个月后，公司就把我分配到了内蒙古。春节，我也留守内蒙古值班。记得当时一个人坐在火车上，失落极了，"半个月亮珞珈那边爬上来……"忽然一段熟悉的旋律飘到我耳朵里，是《樱花树下的家》！我居然在边疆的一列火车上听到了这首久违的歌，实在是太意外了。

回到宿舍，我立即上网查找，得知师弟师妹们自己制作了一张名叫《绿色音符》的武大校园音乐合辑。我仔细地听每一首歌，不由自主地泪流满面……待我平静下来后，我萌生了出版发行这些歌曲的想法。这样，武大人无论身在何方，都能感受到这些歌曲的魅力。

于是，一个艰苦的过程开始了，当时我还背负着巨大的工作压力，已经到了崩溃的边缘……终于，2003年6月，武汉大学第一套完全由学生创作制作的文化合辑《珞樱》出版发行了，共发行了 5000 套。可我开始有些怀疑，辛辛苦苦赚来的钱换了一堆碟子干什么。很多同事都买房买车了，我却无法交代。

但是冲动的行为往往源自内心深处强烈的渴望，这是我给母校 110 周年校庆的献礼。5 年后，热情再次重燃，我决定开始着手《珞樱 2》。

（原载凯迪社区，2005 年 6 月 13 日，原文题为《〈绿色音符〉绿色心愿》，本书有删改。http://club.kdnet.net/dispbbs.asp？boardid＝27&id＝674915）

珞　樱　2

唐弢等

　　有一段路，走完需要四年。因为年轻与执着，同路的男生女生放声唱起了歌儿……无论是在古色城堡的楼顶，还是在花香四溢的桂园三路，抑或是在浩渺东湖的凌波路旁……四年又四年，唱歌和听歌的人换了一茬又一茬，而歌声从不曾间断，听者永不会遗忘。因为只要有歌声响起，他们就知道，其实自己的心从未走远！

01　我们的生活充满无语

词曲/唐弢　演唱：张墨　编曲/姜鹏　吉他录制/胡旭
在这个寂静渺小温暖的夜里
记忆却飞驰在大片漆黑的天空里
忙碌的忧郁的深绿色的过去
都变成嘲笑捉弄自己的游戏
原来不是我的风景
只是那隐秘的电影
留下的只是不经意
看不到另一个结局

承受一整个世界的拥挤
却看不清埋在心里的真理
城市的浮躁气息淹没你
还有我的好脾气
如果明天还要继续艰苦的旅行
放轻松深吸一口气

02　每　　次

词曲/袁泉　演唱/袁泉　编曲/姜鹏

每次和你骑单车

自由在路上

总是不自觉看你的微笑

每次和你放风筝

自由在天上

总是想你手中长长的线

我说你是我的太阳　你却眨一眨眼然后微笑

温度太高容易烧焦　我却在意那暖暖的光

我说你是我的月亮　你却眨一眨眼然后逃掉

温度太低容易僵掉　我却在意那银白色的光

想要看你的笑　看那完成上弦月的嘴角

不想看你的泪　害怕那滴晶莹会把我融掉

每当流星划过夜空

散发那一瞬间的光芒

我就对着它许下最美丽的愿望

03 绿 诗

作曲/张可儒 作曲/罗熙 演唱/陈雯婷

编曲/罗熙 张晋豪 和声/Mini Gentlemen 组合

清泉流转狂妄的梦

梦醒何方

留香婉转时间的风

飘散何方

我寻找 这首诗 我为他而怒放

空谷中放声歌唱

春天啊

多么美丽的早晨啊

好像你的眼眸啊

啊咿呀咿呀

04 珞 家

词曲/郑思斯 演唱/郑思斯 编曲/姜鹏

琵琶/周默 古筝/刘畅 键盘编配/王谷雨

护城河边柳条向水招手

绿衫指向小城尽头

连着拱桥一道青瓦白墙

墙那边是无雨的梦

青青轻轻南风

清清在湖上空

北归的燕儿带不走

沐过雨的江南的风
我只顾匆忙行走
怎得柳绿花红
画一个晴朗的梦
留在这遥远梦境中
昨天的故事今天的虹
阳光唤不醒沉醉的楼
留不住的衣袖
黄黄慌慌夕阳
晃晃人影匆匆
北归的人儿带不走
迟来的雨后的虹
我只顾匆忙行走
怎得柳绿花红
画一个晴朗的梦
留在这遥远梦境中
画一个晴朗的梦
留在这遥远梦境中

05　再见是永远

词曲/张可儒　演唱/张可儒　编曲/罗熙　张晋豪
键盘编配/刘子阳
风吹夏天记忆的字典
它停留在你如水般的双眼
云卷云舒我却看不见
色彩的缱绻偷走你的时间

你的名字就是那地平线

总是望不到你真实的脸

两个影子拉长了面对面

转眼已经是花开第五年

记忆的雨天　伞下的少年

已经越来越远

发烫的指尖　思念很明显

你是否听得见

手中的信笺　发黄的相片

却又消失不见

如歌的誓言　斑驳的留恋

再见就是永远

06　类地行星

词曲/张骋　演唱/张骋　编曲/陈豪姚远

半夜睡不着觉　爬上天台看星星　发现有两个光点好像

它们在讲什么　一闪一闪地呼应　Oh　我好想偷听

是不是在说有你陪伴我好幸福　还是在说能彼此懂得有多

难得

其实我现在对你唱这一首歌　想说什么你明白的

你是地球而我是颗类地行星　感染着同样的悲喜心情

日出日落我陪你看过向右或向左　天黑了我为你化身银河

我是地球那你就是类地行星　环绕着相似的人生风景

用力保护小小的梦想紧握着不放　有你在心上　就会有光亮

遇到困难时候　都不用我开口　你一定就在我左右

每段乱哼的歌　微笑或拥抱都会　让我胸口温热

要不是你在我心里话该向谁说　关键时刻谁愿意为我赴汤蹈火

其实我现在对你唱这一首歌　想说什么你明白的

你是地球而我是颗类地行星　感染着同样的悲喜心情

日出日落我陪你看过向右或向左　天黑了我为你化身银河

我是地球那你就是类地行星　环绕着相似的人生风景

用力保护小小的梦想紧握着不放　有你在心上　就会有光亮

半夜睡不着觉

爬上天台看星星

Oh　我好想听见　它们的秘密

07　曾　　经

词曲/段昌伯　演唱/段昌伯　编曲/姜鹏

听他说你已经走了

而我却还在等你呢

谁错谁对都已经不再重要

只想你回到我身边

曾经我们笑得很甜

日出日落看了好多遍

一次一次的誓言不再兑现

你不会在我的身边

曾经你说　想要让我保护你

曾经的我　把你当做了唯一

曾经我们　约好了要在哪里相遇

曾经的　错过了……

08　冻柠茶少甜

词曲/赵允照　演唱/赵允照　编曲/姜鹏

嘿！冻柠茶少甜　嘿！知你未够掂
嘿！一起未够甜　我生不如此，还识爱你！
嘿！冻柠茶少甜　嘿！信我未够甜
嘿！感觉未饮完　这生中完美，还须奋起
其实生活每天除了睡觉就是不断工作
也没有任何权利随时发呆你的懒惰
你别无选择只好接受社会的过错
隐身偷懒后巷抽烟我他妈也这么干过
老板苛刻样子我实在无法忍受
再努力的样子始终得不到的赏赐
你再强忍的笑容也只是你的掩饰
收工打卡哦也回家洗澡开电视机
抽了烟　开始明白这是个什么忧愁
等待中　你会不会就这样说出分手
无人街头　昏黄的路口　已经足够
在你眼中已经没有借口
原来大家都是这样一直没有改变
杂志新闻报纸来来去去都是那样靠谱
恒指纳指 A 股 B 股我都看不清楚
不是每个都能擦到老板的屁股
投其没有所好你自然舔不到
渴了累了我知道你需要一杯冷饮
穷的富的胖的瘦的都喝过这么一杯

满街的餐厅　都有他的踪影
酸中带甜这是一杯再简单不过的
这个世界本来一直都在互相残杀
其实没有根据也是说到你我和他
社会阶层贫富差距就是不断加剧
也可以暂时喝上这杯也算是逃避
感觉生活每天应该可以没有目的
就是生活一直让我麻痹就没有抗拒
我唯有每天带着我的一种善意面具
去寻找生命延续　简简单单走下去

09　寻你的路

词曲/胡启明　演唱/胡启明　编曲/姜鹏　键盘编配/肖程佳

我躺在秋天的怀里
看落叶繁花似锦
看那静静飘落的身姿
就像轻轻到来的你
我沿着来的路摸索
那条叶子铺成的路
落地缤纷已然归土
我却迷失在寻你的路
我的视线渐渐模糊
看不清眼前的迷雾
我的躯壳到了尽头
心却死在冷酷的冬

可是我的视线模糊
看不清眼前迷雾
我已无力挣扎下去
拖不动沉重脚步
我的躯壳到了尽头
心却死在冷酷的冬
我继续　我继续……
迷路

10　What a view

作词/宾松　作曲/花虫乐队　演唱/花虫乐队　编曲/花虫乐队

The stop where we met at has now torn apart
Since the day we were done
As nothing never happened in the garden where we sat
See the flowers lying dead
Lonely day lonely night that time
Just see the wall see the street passing by
Anywhere anytime there're things I wanna laugh at
Digging in cutting out get headache
The door I had window set to your side
All your love all your lies thrown into trash can
Oh what the hell had crack out between us
All the passion and burned out and back to dusts?
All the happy day wiped out from the inside
And you just fuck off!

Rip those letters apart just like my heart

I wanna lock on all the memories get off my life

Get all your presents burning it's the ashes fly

Oh, look. What a view!

11　他爸的

词曲/尧十三　演唱/尧十三　编曲/尧十三

小时候　你的破单车

带着弟弟和我　去世界的任一个角落

我知道　在我的世界里

属于我的那些回忆都在闪闪发着光

爸爸　对不起　我没有考上研究生

因为我　已经变成　一个孤独狼狈的废柴

他们说　我变得和你很像

总是倔强地以为　这个世界十分美好

我知道　在你的回忆里

属于你的那个年代　其实没那么坚强

爸爸　对不起　我本该陪在你身边

可是我　还有　一场孤独的人生等着我

爸爸，对不起，我没有，成为你希望的人！

因为我，还有，一场孤独的人生，等着我！

我想我，会学着改变，努力的，给你撑起，以后的天空！

12　天堂的祝福

词曲/薛辰婕　演唱/薛辰婕　编曲/薛辰婕

静静的你坐在我身边，没有表情也没有语言

虽然讲笑话你仍然会微笑，但心里的痛只有我知道

很多事情我们无法预料　人生总爱跟我们开玩笑

生命永远赢不过时间　放下怀念才能珍惜眼前

你们一定到了一个叫做天堂的地方

所有的烦恼和痛苦都会被遗忘

那是开着花的有阳光照耀的吧

天使也会把希望的光环给你戴上

你们一定到了一个叫做天堂的地方

孤单的灵魂从此以后不必再流浪

记住我的抱歉我的思念你收到了吗

挥动翅膀带给我前进的力量

你们一定到了一个叫做天堂的地方

13　再见樱花

作词/肖彩娥　作曲/袁丽莎　演唱/袁丽莎陈一龙　编曲/陈一龙

绚烂樱花　迎风飘洒

执子之手　看夕阳西下

青春绽放　爱情似花

洁白如雪（啊）相随到天涯

凌乱樱花　吹落天涯

荷锄葬花　倚树吉他

泪落千行（啊）岂能留住它

月上树梢头　城堡静悠悠　人影双双不言愁

那时候我们未染铅华　想看无言聊着古老的情话

你的眼眸清澈如水　孩子一样纯净无瑕

心中有了牵挂（啊）

安了家

月上树梢头　城堡静悠悠　形单影只忆旧游

你有你的坚持不害怕　我有我的方向未来太复杂

无可奈何花落去　任凭风吹雨又打

眉间心头虚化（啊）

逝年华

美丽如花短似花　谁来怜惜啊

花开又花落　谁在叹息啊

14　合　　照

作曲/朱旻　作曲/黄友敬　编曲/姜鹏　演唱/武汉大学原创音乐协会　录制/姜鹏胡旭

纵然这合照中是朋友

却不愿摆上桌面证明我怀旧

逼回忆逗留

洒思念沉入酒

心痛时一口　就足够

你在那边还想我是否

我知你最擅长交新的知心朋友

一封封 EMAIL

串串温暖问候

也摇不起对岸的小舟

珞樱缤纷　我的灵魂

和着节奏　穿梭行走

幻觉爱上这花瓣　盛开后落无忧
秋去春来　花落会开
我们何时再回头
倘若沦为合照朋友
一切是曾有　不回首

音乐梦想，十年绽放

张媛媛

　　《珞樱2》销售量惊人，曾列豆瓣音乐人榜首。"从包装到制作，全部是我们音协人自己包办的。"一个追逐音乐的大学生心里是很纯粹的，他们有的，是对音乐的热爱。

　　小T随身带着《珞樱2》歌词本，上面签有原创协会人满满的祝福。"小T，谢谢你实现了我的梦想"；"感谢你的付出，我们爱你"；"加油，V5"；"在大学里能够遇见你这样的朋友我觉得非常开心"……

　　"出珞樱系列专辑的梦想实现了，我的心愿已经达成。"小T说这段话时，流露着对团队的信任和默契。当被问到"如何用一个词来形容战友们"时，他说出"才华横溢"这个词。

　　在所有音协团队成员的歌词本上，都写着小T留下的一句话：谢谢你陪我一起做梦。

　　在他的歌词本上，很多人也写下：感谢你实现了我的梦。

　　梦想有时候真的不是一个人拥有的，当所有人都为了一个梦想而努力时，你会发现它的力量是多么巨大。

　　"我唯一的期许就是希望有人能够将《珞樱》系列延续下去。"小T说。"也是我们所有音协人的愿望吧，在多年以后，回到母校武汉大学时，唱起《合照》，唱起《再见樱花》能够有美丽的记忆。"肖程佳憧憬着下次相逢。

在樱花季，珞樱缤纷，相信好多人都看到了《珞樱 2》的绽放。

编　后　记

　　武汉大学走过 120 年辉煌岁月，留下了众多精彩华章。一个个传神的故事，一个个美丽的传说，无疑是武汉大学校史的生动剪影，也是学校宝贵精神财富的重要组成部分。

　　编辑这本小书，就是想通过这种方式，典藏学校历史，传承武大精神。我们如大海拾贝，在浩如烟海的档案和图书资料中搜寻、筛选，最终又忍痛割爱，将已经成形的数十万字材料反复浓缩。

　　本书所选文章主要来自《武汉大学报》、《漫话武大》、《武大校友通讯》、《老武大的故事》、《武汉大学校史》、《珞珈风》、《武汉大学诗人诗选》，以及武汉大学新闻网、武汉大学校友总会网等。谨此，向出版物的撰稿人、学长校友和编者表示诚挚的感谢。

　　有几点需要说明的是：一、因为本书主要选取公开发行物，其中又主要选自武汉大学报社编辑出版的相关书刊和网站，所以收录时有的未再征求原作者意见。二、凡未标注来源的文章，均系专为本书所写，或来自武汉大学校内网站。三、每部分文章基本上按故事发生的时间顺序排序。四、所选稿件所涉及的人物、作者等，尽量不重复出现。五、对原作中的明显错误作了修改。

　　参与本书编写的主要是武汉大学报社的编辑人员，部分实习生和学生记者参与了工作，包括：武汉大学测绘学院本科生苏靖尧、资源与环境科学学院硕士研究生徐爱珍、新闻与传播学院硕士研究生汪泉、印刷与包装系本科生靳少秋、哲学学院本科生杨艳红等。

武汉大学党委副书记骆郁廷对本书的编辑工作提出了指导性意见；党委宣传部部长胡勇华策划了本书的总体思路，在编辑过程中给予了指导，并要求不在主创人员名单中署名；宣传部副部长罗永宽、张发林提出了具有参考价值的意见和建议。在此一并致谢。

由于我们水平不足，加之时间仓促、资料有限，本书难免存在疏漏和不当之处，敬请广大读者批评赐教。

编 者
2013 年秋·珞珈山